다크심리학
: 심리 조종의 기술

DARK
PSYCHOLOGY

사람의 행동과 선택을 내 뜻대로 이끄는 은밀한 전략

경고

다크 심리학은 단순한 지식이 아니다.
인간의 인지, 감정, 관계를 쥐락펴락하는 은밀한 기술이며
실천적 지식이다.

왜 나쁜 자들이 성공하는가.
나는 언제부터 길들여져 왔는가.
나를 속이고 통제하며 지배하는 은밀한 손길은 가까이에 있다.
당신의 일상은 이미 다크 심리학의 전장이다.

이 지식을 아는 순간 당신은 더 이상 예전으로 돌아갈 수 없다.
다크 심리학은 당신의 내면을 시험대에 올려놓을 것이다.
이 지식을 스스로를 지켜낼 방패로 사용할지
상대를 지배하고 길들이는 날카로운 무기로 사용할지 결정해야만 한다.

이제 당신은 불쾌함, 두려움 또는 과거의 상처와 마주할지도 모른다.
그것이 곧 다크 심리학의 본질이다.
준비된 사람만 이 책을 열길 바란다.
그렇지 않은 사람은, 지금 이대로 살길 바란다.

프롤로그

"나는 속지 않아"
이 말이야말로 가장 위험한 환상이다

회의실 안, 상사는 아무 말도 하지 않는다. 그저 침묵할 뿐이다. 하지만 그 침묵이 공기를 얼어붙게 한다. 팀원들은 안절부절못하며 서로 눈치를 본다. 방금 전까지 열정적으로 아이디어를 내던 이들도, 갑자기 목소리를 죽이고 조심스럽게 말을 바꾼다. 단 한 마디의 지시도 없었지만, 결론은 이미 바뀌어 있다. 이것이 말 없는 지배, 보이지 않는 힘이다.

다크 심리학이란 무엇인가? 다크 심리학은 인간 심리의 어두운 면을 다루는 기술이다. 설득, 조종, 기만, 권력 심리 등 모두가 그 일부다. 많은 이들이 다크 심리학을 '범죄자의 음모', '권력자의 술책'으로만 생각한다.

그러나 진실은 훨씬 불편하다. 그것은 우리가 살아가는 모든 관계 속에서 이미 작동한다. 가족의 식탁, 연인의 대화, 직장의 회의실, 친구와의 사소한 대화… 우리는 서로의 마음을 흔들고, 시선을 빼앗고, 선택을 조정한다. 다크 심리학은 지금 바로 당신 곁에 앉은 가장 가까운 사람의 손끝에서도 쓰이고 있다.

**다크 심리학. 이것이 바로,
당신이 매일 속고 있는 기술의 이름이다.**

사람들은 말한다.
"나는 속지 않는다. 내 선택은 내 의지다."

그러나 수많은 연구가 냉혹한 결론을 보여준다. 인간은 조종당할 때 가장 늦게 눈치챈다. 깨닫고 나면 이미 늦다. 행동은 끝났고, 관계는 뒤집혔으며, 결과는 되돌릴 수 없다. 조종은 무의식을 겨냥한다. 논리와 이성을 비껴가, 감정과 직관에 곧장 파고든다. 단어 하나, 시선 하나, 침묵 하나가 당신의 결정을 바꾼다. 같은 사실도 "성공률 90%"라는 말로 들을 때와 "실패율 10%"라는 말로 들을 때, 우리는 전혀 다른 반응을 한다. 희망과 안도, 혹은 불안과 두려움, 그 차이는 단순한 정보가 아니라 정보를 설계하는 방식에서 나온다. 이것이 바로 프레임 효과다.

중요한 것은, 이 기술이 본질적으로 중립적이라는 사실이다. 아이를 보호하기 위해 부모가 "위험하니까 하지 마"라고 말할 수도 있고, 상대를 지배하기 위해 조종자가 같은 방식을 쓸 수도 있다. 차이는 '의도'에 있다. 그러나 현실은 훨씬 더 잔혹하다. 숨어 있는 어두운 기술을 모르는 선량한 자는, 기술을 아는 자에게 당할 수밖에 없다. 도덕적 순수성은 방패가 되지 못한다. 착한 마음은 무기가 되지 못한다.

당신의 일상은 이미 다크 심리학의 전장이다.

심리전은 전쟁터에서만 벌어지지 않는다. 그것은 가정의 식탁에서, 연인의 대화에서, 친구와의 농담에서, 직장의 평범한 회의에서 끊임없이 벌어진다. 심리의 전장은 이미 당신이 앉아 있는 의자 아래 깔려 있다. 조종자는 결코 "내가 널 조종한다"고 말하지 않는다. 오히려 정반대다.

"네 마음대로 해."

"강요하는 건 아니야."

"네가 원한다면."

하지만 그 자유는 이미 설계된 틀 안에서만 존재한다. 연인이 "네가 원한다면 헤어져도 돼"라고 말하는 순간, 당신은 죄책감 때문에 떠날 수 없게 된다. 부모가 "네가 행복하기만 하면 돼"라고 말하면서 동시에 특정한 기대를 드러내는 순간, 당신의 선택지는 이미 좁아져 있다. 이것이 완벽한 지배다.

역사 속 권력자들은 무력을 쓰기 전에 심리를 먼저 무너뜨렸다. 군대의 사기를 꺾고, 내부 분열을 조장하며, 저항 의지를 무너뜨린 후에야 무력을 사용했다. 오늘날의 전장은 훨씬 더 은밀하다. 칼이 아니라 단어가, 총알이 아니라 시선이, 폭력이 아니라 침묵이 사람을 무너뜨린다. 흐름을 읽지 못하는 자는 이미 누군가의 게임판 위에서 움직이는 말일 뿐이다.

다크 심리학은 도구다. 칼처럼 쓰인다. 누군가는 그것으로 사람을 살리고, 또 누군가는 그것으로 사람을 무너뜨린다. 하지만 칼을 모르는 자는 반드시 칼에 당한다. 그것이 현실이다. 이제 당신에게 질문한다. 언제까지 보이지 않는 자들의 술책에 조종당하고 있을 것인가? 당신은 방관자로 남을 것인가, 아니면 눈을 뜨고 새로운 무기를 손에 넣을 것인가?

모든 관계는 영향력의 각축전이다. 무기를 모르는 자는, 무기로 이용만 당한다. 이 책은 그 전장을 해부하는 지도다. 이제 당신은 선택해야 한다. 깨끗하게 패배할 것인가, 아니면 필요하다면 어둠의 기술마저 손에 넣을 것인가. 이상 속에서 무력하게 당할 것인가, 아니면 현실을 받아들이고 스스로 힘을 기를 것인가.

**빛과 그림자 사이에서, 당신의 선택이
당신의 운명을 결정할 것이다.**

차례

프롤로그 "나는 속지 않아" 이 말이야말로 가장 위험한 환상이다　5

1부　조종이 작동하는 인간의 조건

인간의 사고는 중립적이지 않다

생존하려는 열망과 영향력에 대한 갈망　20
무의식에서 작동하는 심리적 스위치　22
모든 인간이 조작 가능한 잔혹한 이유　25

무의식의 틈과 지배하는 힘

사고를 왜곡하는 기술　29
인지 함정의 기저에는 심리학이 있다　31
빠져나갈 수 없는 연쇄 인지 함정　35
지적 자신감이 높을수록 먹잇감이 된다　36

감정이라는 틈

  감정은 인지보다 빠르다   40
  공감할 줄 아는 사람이 더 위험하다   42
  조작하기 쉬운 네 가지 감정   44
  감정 트리거의 정교한 조작   47

권력과 의존의 관계 구조

  관계 속에는 언제나 서열이 있다   50
  의존을 유도하는 교묘한 전략   52
  관계는 장기적 영향력으로 이어진다   53

2부   인지 조작의 기술

언어의 감옥 안에 상대를 가두라

  단어 선택이 사고를 설계한다   60
  원칙1 낱말로 결정 기준을 강요하라   62
  원칙2 비교 대상을 전략적으로 설계하라   63
  원칙3 원하는 방향으로 수치와 통계가 말하게 하라   64
  쉽게 볼 수 있는 프레이밍 테크닉   64
  프레이밍 테크닉을 사용할 때 주의할 점   66

기준과 범위를 못 박아라

  시선을 다른 곳으로 돌리는 기술   70
  원칙1 선택의 범위를 좁혀라   71
  원칙2 극단적인 선택지를 맨 처음 제시하라   73

사회적 설득력을 활용하라

다수의 선택이 갖는 위력	78
원칙1 권위와 지위를 내세우라	79
원칙2 "다들 하고 있다"라고 말하라	81
원칙3 동질감과 소속감을 강조하라	82
쉽게 볼 수 있는 사회적 증거 전략	84
조작된 사회적 증거	85
사회적 증거에 휘둘리지 않는 법	86

가장 약해질 때를 기다려라

결정이 쉬워지는 순간	90
원칙1 핵심 요청을 하기 전에 결정 피로를 유발시켜라	92
원칙2 24시간 가운데 효과적인 시간을 골라라	93
원칙3 여러 주기의 변화를 이용하라	94
쉽게 볼 수 있는 타이밍 전략	96
타이밍 조작의 위험성과 한계	98

마지막 기회라고 하라

제한된 기회가 만드는 가치	102
원칙1 시간을 제한해 상대를 가두어라	104
원칙2 수량을 제한해 서로 경쟁하도록 하라	106
원칙3 선택받은 기분이 들게 하라	108
쉽게 볼 수 있는 희소성 조작	110
가짜 희소성의 함정과 위험	112

3부   감정 조작의 기술

사소한 친절로 빚을 만들어주라

　　호의가 만들어내는 부채감　　　　　　　　　　　　118
　　원칙1 호의와 요구를 서서히 확대시켜라　　　　　120
　　원칙2 호의도 타이밍이다　　　　　　　　　　　　121
　　원칙3 호의를 상기시켜라　　　　　　　　　　　　123
　　쉽게 볼 수 있는 호의 전략　　　　　　　　　　　　124
　　호의의 함정에서 벗어나는 전략　　　　　　　　　　126

공포로 움직임을 강요하라

　　공포 메시지로 행동을 유도하는 법　　　　　　　　130
　　원칙1 공포의 타이밍과 맥락을 조절하라　　　　　132
　　원칙2 유일한 대안을 함께 내밀어라　　　　　　　134
　　원칙3 지나친 공포는 효과가 없다　　　　　　　　135
　　쉽게 볼 수 있는 공포 활용 패턴　　　　　　　　　　137
　　공포 조작의 부작용과 한계　　　　　　　　　　　　140

화를 돋우면 무뎌진다

　　분노와 이성의 마비　　　　　　　　　　　　　　　144
　　원칙1 불공평하다고 믿게 하라　　　　　　　　　146
　　원칙2 맞춤식 분노 포인트를 탐색하라　　　　　　148
　　원칙3 분노의 방향을 분명히 설계하라　　　　　　150
　　쉽게 볼 수 있는 분노 조작　　　　　　　　　　　　151
　　분노 조작의 위험성과 역효과　　　　　　　　　　　152

죄책감으로 마음을 무겁게 만들어라

죄책감과 행동의 동기	156
원칙1 과거의 도움을 죄책감으로 전환하라	158
원칙2 관계를 인질로 잡아라	160
원칙3 소속감을 자극해 속여라	161
쉽게 볼 수 있는 죄책감 조작	162
죄책감 조작의 위험성과 역효과	164

말하지 않아서 조종한다

침묵이라는 압박	168
원칙1 제안 직후에는 침묵하라	171
원칙2 시선과 표정을 더하라	172
원칙3 권력 관계를 더하라	173
쉽게 볼 수 있는 침묵 조작	174
침묵 조작의 위험성과 역효과	176

4부 관계 조작의 기술

닮은 점을 만들어라

말투·표정·몸짓, 따라하면 이익을 보는 것들	182
원칙1 무의식적 신뢰를 구축하라	184
원칙2 점진적 동조로 자연스러움을 연출하라	186
원칙3 따라하게 만들어라	188
쉽게 볼 수 있는 미러링 조작	189
미러링 조작의 위험성과 역효과	191

떠받들다가 먼지 취급하라

도박과도 같은 관계	196
원칙1 관계 평가권을 독점해야 한다	199
원칙2 칭찬과 비난을 예측하지 못하게 하라	200
원칙3 비교하고 조건을 붙여 불안하게 하라	202
쉽게 볼 수 있는 가치 절하 전략	203
감정 조작의 위험성	206

경계선을 무너뜨려라

개인 공간·시간·감정 경계 무너뜨리기	210
원칙1 물리적 경계를 허물어라	211
원칙2 시간적 경계를 파괴하라	213
원칙3 감정적 경계를 붕괴시켜라	216
쉽게 볼 수 있는 경계 침범 전략	217
경계 침범의 함정과 한계	219

장밋빛 미래로 지금을 견디게 하라

희망 고문의 효과	220
원칙1 구체성으로 끌어당겨라	222
원칙2 새로운 희망을 던져라	224
원칙3 상황 탓을 하라	225
쉽게 볼 수 있는 희망 고문 전략	227
희망 고문 전략의 함정과 한계	228

5부 유지와 강화의 기술

반복시켜 길들여라

    행동 반복 강화의 힘   234
    원칙1 기본 습관으로 만들어주라   236
    원칙2 작은 것에서 시작하라   237
    원칙3 그럴 듯한 이유를 던져주라   238
    쉽게 볼 수 있는 행동 반복 강화 전략   241
    행동 반복 강화 전략의 함정과 한계   242

심리적인 감옥에 가두어라

    떠날 수 없게 만드는 인지와 감정의 장벽   246
    원칙1 매몰 비용 효과를 이용하라   248
    원칙2 전환 비용을 높여라   250
    원칙3 희망 관리를 병행하라   252
    쉽게 볼 수 있는 심리적 감옥 전략   253
    심리적 감옥 만들기의 함정과 한계   255

구원자 행세를 하라

    구원자 행세와 의존성   258
    원칙1 의도적으로 위기를 조성하라   261
    원칙2 구원자로 등장하라   262
    원칙3 반복 사이클로 만들어라   263
    구원자 행세의 관계별 적용 사례   264
    구원자 행세의 함정과 한계   265

정보를 차단하라

정보를 통제하면 관점을 독점한다	268
원칙1 긍정적인 외부 정보를 차단하라	270
원칙2 부정적 정보만을 인식시켜라	272
원칙3 관점을 독점하라	274
쉽게 볼 수 있는 정보 차단 사례	276
정보 차단 기법의 함정과 한계	279

에필로그 다크 심리학은 칼이며 방패이다   282

"인간은 누구나
조작당한다"

1부

조종이 작동하는
인간의 조건

인간의 사고는 중립적이지 않다

생존하려는 열망과 영향력에 대한 갈망

인간의 사고방식은 태생적으로 중립적이지 않다. 태어나는 순간부터 우리의 정신은 늘 두 가지 근본적인 본능 사이에서 움직인다. 하나는 어떤 대가를 치르더라도 살아남아야 한다는 생존 본능이고, 다른 하나는 타인과 환경을 내 의도대로 움직이려는 영향력이라는 욕망이다. 이 두 힘은 서로 독립적으로 작동하지 않는다. 생존하기 위해서는 다른 사람들을 내 편으로 만들어야 하고, 영향력을 행사하기 위해서는 먼저 살아남아야 한다. 결국 이 둘은 하나의 거대한 동력으로 합쳐져서 우리의 모든 행동과 판단을 지배한다.

원시 사회에서 생존은 단순한 힘의 문제가 아니었다. 물론 신체적 능력도 중요했지만, 더 결정적인 것은 집단 안에서 더 많은 자원을 차지하고, 위험한 순간에 다른 사람들 뒤에 숨으며, 위기 상황에서 우선적으로 보호받을 수 있는 위치를 확보하는 일이었다. 이를 위해서는 타인을 설득하고 유도하는 미묘한 기술이 필요했다. 이 고대의 습성은 현대에도 그대로 남아 있다. 직장에서 회의 중에 발언권을 얻으려고 애쓰는 일, 친구들 사이에서 의견 리더가 되려는 욕구, 가족 내에서 결정권을 쥐려는 시도, 연인 관계에서 주도권을 잡으려는 미묘한 경쟁 모든 것이 이 두 본능의 현대적 발현이다.

가족, 연인, 친구, 직장 동료에게 인정받고 싶은 사람이 바로 다크 심리학의 조작 대상이다.

문제는 대부분의 사람들이 이런 욕구를 가지고 있다는 사실 자체를 부정한다는 것이다. "나는 그런 사람이 아니야", "나는 순수한 마음으로 도와주는 거야"라고 스스로를 속인다. 하지만 그 순간에도 무의식적으로는 상대방의 반응을 관찰하고, 자신에게 유리한 방향으로 상황을 이끌어가려 한다. 나는 지금 누군가를 도우려는 선한 의도를 가지고 있다고 생각하지만, 정말 그럴까? 그 도움을 통해 얻으려는 것은 정말 없을까? 상대방의 감사, 인정, 의존 같은 것들 말이다.

무의식에서 작동하는 심리적 스위치

조종자는 복잡한 논리나 화려한 설득술에 의존하지 않는다. 대신 목표 대상의 마음속 깊은 곳에 있는 단순하지만 강력한 버튼을 찾는다. 이 버튼은 의식이 아니라 무의식에 직접 연결되어 있는 **심리적 스위치**다.

이 스위치는 인간이 복잡한 상황에서 빠르게 판단하기 위해 진화시킨 자동 반응 시스템의 부산물이다. 위험한 상황에서 "이것이 정말 위험한가?"를 길게 분석할 여유는 없었다. 일단 도망치고 나중에 생각하는 것이 생존에 유리했다. 그 결과 우리의 뇌는 특정 자극이 주어질 때 자동으로 켜지는 스위치들을 발달시켰다.

안전 스위치를 누르려면 경계심이 무너지는 순간을 노려야 한다. 위협이 사라지고 편안함을 느낄 때 마음은 자연스럽게 열린다. 따뜻한 조명의 카페에서 이야기할 때, 상대방이 먼저 자신의 약점을 털어놓을 때, 공통의 관심사에 대해 공감대를 형성할 때 이 스위치가 작동한다. 조종자들은 의도적으로 이런 안전한 분위기를 조성한다. 그들은 절대 처음부터 위협적으로 보이지 않는다. 오히려 당신보다 더 취약해 보이려고 노력한다.

가족 관계에서도 이 원리가 작동한다. 부모가 자녀에게 "엄마(아빠)는 네가 행복하기만 하면 된다"고 말하면서 따뜻한 분위기를 만든 후, 은근히 특정 진로나 결혼 상대에 대한 기대를 드러내는 것이 전형적인 예다. 자녀는 부모의 사랑을 확인한 안전한 상태에서 그 기대에 부응하려는 마음이 생긴다.

쾌락 스위치를 누를 때는 칭찬과 보상이 판단력을 마비시키는 순간이 좋다. 인간의 뇌는 도파민이라는 쾌락 호르몬에 중독되도록 설계되어 있다. 한 번 이 호르몬의 분비를 경험하면, 그 느낌을 다시 얻기 위해 더 많은 것을 하려고 한다. 직장에서 상사가 "네가 있어서 팀이 든든하다"고 말하거나, 친구가 "너만이 내 이야기를 제대로 들어준다"라고 고백하거나, 연인이 "너 같은 사람은 처음이야"라고 속삭일 때 이 스위치가 켜진다. 논리적으로는 과장된 칭찬이라는 것을 알면서도, 그 순간의 기분 좋음을 거부하기는 어렵다.

조종자들은 쾌락 스위치의 중독성을 교묘히 활용한다. 처음에는 과도한 칭찬과 관심을 쏟아부어 상대방을 중독시킨 다음, 점차 그 양을 줄여가며 금단증상을 만든다. 상대방은 다시 그 쾌락을 느끼기 위해 조종자가 원하는 것을 하게 된다.

공포 스위치는 위기 앞에서 이성을 마비시키는 원시적 반응을 일으키고 자극한다. 공포는 복잡한 분석을 차단하고 즉각적인 행동만 남긴다. "지금 아니면 기회가 영영 사라져", "이런 일이 계속되면 관계가 끝날 수도 있어", "다른 사람들은 이미 다 알고 있는 일이야"라는 말들이 이 스위치를 작동시킨다. 특히 사회적 배제에 대한 공포는 가장 강력하다. "혼자 남겨질지도 몰라", "모든 사람이 등을 돌릴 거야"라는 암시는 사람을 절망에 빠뜨린다. 인간은 사회적 동물이기 때문에 고립에 대한 두려움이 때로는 죽음에 대한 두려움보다 클 수 있다.

심리적 스위치는 조작 대상이 의식하기도 전에 이미 작동한다.

심리적 스위치는 당신이 의식하기 전에 이미 눌린다. 당신이 똑똑하든 어리석든, 경험이 많든 적든, 조심스럽든 방심하든 상관없이 작동한다. 그리고 그 순간부터 판단은 조종자의 손안에 들어간다.

모든 인간이 조작 가능한 잔혹한 이유

인간은 근본적으로 한계가 있어, 마음만 먹으면 얼마든 조종이 가능하다. 우리는 모든 정보를 완벽히 알 수 없으며, 언제나 부분적인 데이터와 제한된 시간 속에서 판단을 내려야 한다. 게다가 그 판단의 순간에는 이성보다 감정이 더 큰 비중을 차지한다. 뉴스를 볼 때 우리는 기자와 편집자가 선택한 사실만 본다. 친구의 조언을 들을 때는 그들이 말하고 싶어 하는 부분만 전달받는다. 직장에서 보고를 받을 때는 보고자가 강조하고 싶은 내용만 듣는다. 연인과 대화할 때는 상대방이 표현하고 싶어 하는 감정만 읽는다. 모든 정보에는 제공자의 의도가 스며들어 있고, 우리는 그 의도가 만든 프레임 안에서 판단한다. 더 교묘한 것은 침묵하는 정보다. 말하지 않는 것,

보여주지 않는 것, 강조하지 않는 것들이 때로는 말하는 것보다 더 강력한 조종 도구가 된다. 조종자들은 상대방이 질문하지 않을 만한 부분을 정확히 알고 있다.

행동경제학에서 말하는 손실 회피 편향 loss aversion 은 이런 감정적 조작이 얼마나 강력한지 보여준다. 행동경제학에 따르면 사람들은 같은 가치의 이익보다 손실에서 느끼는 고통에 훨씬 더 크게 반응한다. 100만 원을 얻는 기쁨보다 100만 원을 잃는 고통이 두세 배 더 크다. 이는 단순한 심리적 편향이 아니라 우리의 모든 의사결정을 좌우하는 근본적인 메커니즘이다. 조종자들은 이런 비대칭성을 정확히 계산해서 활용한다. "이 기회로 돈을 벌 수 있어"보다 "이 기회를 놓치면 손해야"가 훨씬 강력한 이유다. 같은 상황을 설명하지만, 후자가 더 깊은 감정적 충격을 준다. 이런 편향은 협상, 설득, 갈등 상황에서 상대방을 쉽게 흔들 수 있는 강력한 지렛대가 된다.

사회적 압력도 마찬가지다. 인간은 혼자서는 생존할 수 없었기 때문에, 우리의 뇌는 집단의 승인을 얻는 것을 생존과 직결시킨다. "요즘 성공하는 사람들은 다 이렇게 해", "당신 같은 분이라면 당연히 아시겠지만", "이런 건 특별한 사람들만

하는 거야"라는 말들이 사회적 압력을 만든다. 논리적으로는 허세라는 것을 알면서도, 소외될 두려움이 판단을 흐린다.

그런데 잔혹한 현실은 이런 한계들을 안다고 해서 극복할 수 있는 것이 아니라는 점이다. 오히려 "나는 이런 함정을 알고 있으니까 괜찮아"라는 메타 착각에 빠져 더욱 취약해진다. 결국 우리는 모두 조종 가능한 존재다. 중요한 것은 그 사실을 인정하고, 누가 나를 어떻게 조종하려 하는지 파악하는 것이다. 그리고 그 조종이 내게 도움이 되는지, 해가 되는지 판단하는 것이다. 나는 지금 내 한계를 인정하고 있는가, 아니면 여전히 '나는 다르다'는 오만한 착각에 빠져 있는가? 내가 지금까지 한 선택들이 정말 내 의지였을까, 아니면 누군가 설계한 선택지 안에서의 예측 가능한 반응이었을까?

매 순간이 전쟁이다. 중립지대는 없다.

매 순간 누군가의 영향을 받거나 누군가에게 영향을 미치는 보이지 않는 전쟁이 벌어진다. 중립지대는 존재하지 않는다. 당신이 아무것도 하지 않는다고 해서 그 전쟁에서 벗어날 수 있는 것이 아니다. 오히려 무방비 상태가 되어 더 쉬운 표적이 될 뿐이다. 이 현실을 받아들이고 게임의 룰을 익힐 것인가, 아니면 계속 눈을 감고 누군가의 꼭두각시로 살 것인가. 선택은 당신의 몫이다.

무의식의 틈과 지배하는 힘

사고를 왜곡하는 기술

당신의 머릿속에서는 매 순간 수많은 판단이 이루어진다. 친구의 제안을 받아들일지, 상사의 지시에 어떻게 반응할지, 가족의 요구에 응할지 말지를 결정한다. 그러나 그 판단 대부분은 '논리적 분석'이라는 이름으로 포장되어 있지만, 실은 무의식이 자동으로 반응한 경우가 대부분이다. 인간은 복잡한 정보를 모두 분석하지 않는다. 그럴 시간도, 에너지도 없다. 대신 개인적인 경험이나 진화 과정에서 형성된 직감 등을 사용해 빠르게 결론을 낸다. 이 과정에서 **정보는 필연적으로 걸**

러지고, 재해석되고, 왜곡된다.

이렇게 반복되는 체계적 오류를 인지 편향 cognitive bias 이라 부른다. 이것은 뇌의 결함이 아니라 생존을 위한 진화의 산물이다. 원시시대에 덤불에서 바스락거리는 소리를 들었을 때, 호랑이일 확률을 정확히 계산할 여유는 없었다. 일단 도망치고 나중에 생각하는 것이 생존에 유리했다. 하지만 현대 사회에서는 이 원시적 알고리즘이 약점이 되었다. 다크 심리학 사용자들은 당신의 뇌가 언제, 어떻게 단축키를 사용하는지 정확히 알고 있다. 그리고 그 순간을 노려 당신의 판단을 자신들이 원하는 방향으로 유도한다.

심리학자 대니얼 카너먼과 아모스 트버스키는 전망 이론 prospect theory 에서, 사람은 이익보다 손실에 훨씬 더 민감하다고 밝혔다. 백만 원을 얻는 기쁨보다 백만 원을 잃는 고통이 두세 배 더 크다는 것이었다. 이 성향은 협상 테이블에서든, 연인과의 대화 속에서든, 가족 간의 설득 과정에서든 가장 먼저 조작이 끼어들 수 있는 틈이 된다. "이 기회로 돈을 벌 수 있어"보다 "이 기회를 놓치면 손해야"가 더 강력하다. 같은 상황을 설명하지만, 후자가 더 깊이 감정에 호소하는 바가 있다. 나는 지금 논리적으로 생각하고 있다고 확신하지만, 정말 그럴까? 내 판단의 기준점들이 누군가에 의해 미리 설정된 것은 아닐까?

인지 함정의 기저에는 심리학이 있다

다크 심리학 사용자들이 가장 자주 악용하는 사고 조작의 메커니즘들을 살펴보자. 이들은 일상의 모든 관계에서 은밀하게 활용되고 있다.

확증 편향

확증 편향 confirmation bias 은 자신이 **이미 믿고 있는 것과 일치하는 정보만 받아들이는 심리**다. 우리는 모순된 정보를 처리하는 것을 본능적으로 회피한다. 그 과정이 너무 많은 에너지를 소모하기 때문이다. 대신 "내가 믿는 것이 맞다"는 전제하에 정보를 선별하고 해석한다.

연인 관계에서 이 편향은 자주 악용된다. 상대방은 "너는 정말 이해심이 많아"라고 말하면서 당신이 관용적인 사람이라는 믿음을 먼저 심는다. 그 다음부터는 "이해심 많은 당신이라면 당연히 이해해줄 거야"라며 점점 더 많은 것을 요구한다. 당신은 자신이 이해심 많은 사람이라는 믿음을 확인받기 위해 그 요구들을 받아들이게 된다. 직장에서도 마찬가지다. 상사가 "당신은 정말 책임감이 강해"라고 칭찬한 후, "책임감 강한 당신이니까 이 일을 맡겨도 되겠지?"라며 추가 업무를 부여한다. 사기꾼들은 피해자의 신념을 먼저 파악한 뒤, 그 믿음을 강화하는 정보만 공급해 의심을 차단한다.

닻내림 효과

닻내림 효과 anchoring effect 는 **처음 제시된 정보가 이후 모든 판단의 기준이 되는 현상**이다. 뇌는 불확실한 상황에서 닿을 수 있는 첫 번째 정보를 기준점으로 삼아 인지적 부담을 줄이려 한다.

가족 간의 대화에서도 이 효과가 나타난다. 부모가 자녀에게 "네가 이번 달에 용돈을 오십만 원 써야겠다고?"라고 터무니없이 높은 금액을 먼저 제시한다. 자녀가 "그게 아니라 십만 원만 있으면 돼"라고 반박하면, 그 십만 원이 상대적으로 합리적으로 느껴진다. 원래 목표가 십만 원이어도, 먼저 오십만 원이라는 기준점을 설정해 두면 설득이 편하다. 부동산 중개업자들도 이 기법을 자주 사용한다. 실제로는 존재하지 않는 고가 매물을 먼저 보여준 후, "이 물건은 이미 계약됐지만, 비슷한 조건의 다른 물건이 있어요"라며 상대적으로 저렴해 보이는 실제 매물을 제시한다.

대표성 휴리스틱

대표성 휴리스틱 representativeness heuristic 은 **일부 특징이 전체를 대표한다고 착각**하는 경향이다. 복잡한 분석 대신 패턴 매칭에 의존해서 "이 사람은 의사 같으니까 의학 지식이 있을 거야", "이 사람은 성공한 사람 같으니까 신뢰할 수 있을 거야"라고 판단한다.

첫 만남에서 상대방이 고급 정장을 입고 명품 시계를 차고 있으면, 우리는 자동으로 그 사람을 성공한 인물로 인식한다. 실제 재정 상태나 인격과는 무관하게 말이다. 조종자들은 이것을 정확히 알고 있어서 신뢰감을 주는 외적 요소들을 의도적으로 연출한다.

온라인 데이팅에서도 이 편향이 악용된다. 프로필 사진에서 고급 레스토랑이나 해외여행지를 배경으로 찍은 사진들을 올려서 여유로운 라이프스타일을 암시한다. 실제로는 그 한

장의 사진을 위해 빚을 내서 여행을 갔을지도 모르지만, 보는 사람은 그 이미지를 그 사람의 전체적인 삶의 수준으로 받아들인다.

기저율 무시

기저율 base rate 무시는 전체 확률과 통계를 무시하고 **구체적이며 생생한 사례의 영향을 받는 현상**이다. 인간의 뇌는 추상적인 숫자보다 구체적인 스토리에 더 강하게 반응하도록 설계되어 있다.

친구가 "내가 아는 사람 중에 이런 투자로 대박 난 사람이 있어"라고 말할 때, 우리는 그 한 사람의 이야기에 강하게 끌린다. 실제로는 1,000명 중 1명의 성공 사례일지라도, 그 생생한 경험담을 999명의 실패보다 더 설득력 있게 느낀다. 가족 내에서도 이런 일이 벌어진다. 부모가 "옆집 아이는 의대에 들어가서 부모 효도 제대로 하더라"고 말하면서 한 건의 극적인 사례가 전체 현실을 왜곡된 시각으로 보게 만든다. 의대에 들어가지 못한 수많은 다른 아이들의 이야기는 언급되지 않는다.

빠져나갈 수 없는 연쇄 인지 함정

조종자는 이 편향들을 독립적으로 쓰지 않는다. 하나의 편향이 다른 편향을 강화하는 '연쇄 반응'을 정교하게 설계한다. 마치 도미노가 차례로 넘어지듯이, 한 번 첫 번째 편향에 걸리면 나머지는 자동으로 따라온다.

예를 들어, 다단계 판매원이 새로운 먹잇감을 물었다면? 먼저 확증 편향을 자극해 "당신은 정말 사업 마인드가 있는 분이네요. 이건 당신 같은 분이 찾던 기회입니다"라는 믿음을 심는다. 상대방은 자신이 사업에 적합한 사람이라는 믿음을 확인받고 싶어한다. 다음 단계에서는 닻내림 효과를 활용한다. "이 사업으로 월 천만 원 수익을 올린 분들이 있어요"라며 높은 기대치를 먼저 제시한다. 그 다음에 "물론 처음에는 월 백만 원 정도부터 시작하시겠지만"이라고 하면, 백만 원이 상대적으로 보수적이고 현실적인 목표로 느껴진다.

마지막으로 기저율 무시를 이용해 드문 성공 사례를 반복적으로 들려준다. "제가 아는 분 중에 3개월 만에 월 오백만 원을 달성한 분이 계세요", "우리 팀에서 작년에 차를 바꾼 사람이 세 명이나 돼요"라며 극히 예외적인 사례들을 일반적인 결과인 것처럼 포장한다. 이렇게 세 단계를 거치면 피해자는 더 이상 사실과 통계에 기반해서 판단할 수 없게 된다. 대신 조종자가 만들어낸 서사 속에서만 움직인다. "나는 사업 마인드가 있는 사람이고, 월 백만 원 정도는 충분히 달성 가능하며, 실제로 성공한 사람들이 많다"는 왜곡된 현실 인식을 갖게 된다.

연인 관계에서도 비슷한 패턴이 나타난다. 상대방이 먼저 "당신은 정말 이해심이 많아"(확증 편향), "보통 사람들은 이런 상황에서 화를 내는데"(닻내림 효과), "내가 만난 사람 중에 당신만큼 관대한 사람은 없어"(기저율 무시)라는 단계를 거쳐서 점점 더 많은 것들을 인내하도록 강요한다.

지적 자신감이 높을수록 먹잇감이 된다

교육 수준이 높고 지식이 많은 사람일수록 '나는 편향에 휘둘리지 않는다'고 믿는다. 그들은 자신의 판단 과정을 더 정교하게 분석할 수 있고, 논리적 근거를 더 잘 찾아낼 수 있다고 생각한다. 그러나 연구에 따르면 이러한 믿음이 오히려 더 큰 판단 오류로 이어진다. 똑똑한 사람일수록 자신의 잘못된 결정을 더 정교하게 합리화할 수 있기 때문이다. 지능이 편향을 줄이는 것이 아니라, 편향을 정당화하는 도구가 되는 것이다. 다크 심리학 사용자는 이 과신을 정확히 파고든다. 똑똑한 사람일수록 단순한 감정 호소보다는 복잡하고 정교한 논리로 접근한다. "분별력이 있는 분이니까 이런 말씀을 드리는 거예요", "일반인들에게는 이해하기 어려운 내용이지만 당신이라면 아시겠죠"라며 지적 자존심을 자극한다

"너라면 알 거야"라는 말을 들었다면 뿌듯해 하기보다는 긴장해야만 한다.

직장에서도 이런 일이 벌어진다. 상사가 높은 학력이나 전문성을 가진 부하직원에게 "당신은 전문가니까 이 정도는 당연히 판단할 수 있겠지"라며 충분한 정보나 시간을 주지 않고 결정을 강요한다. 부하직원은 자신의 전문성을 인정받았다는 기분에 섣부른 결정을 내리게 된다. 가족 관계에서도 마찬가지다. "너는 똑똑하니까 이런 건 알아서 판단하겠지"라며 경계심이 낮아진 순간 결정적인 영향력을 행사한다. 피해자는

자신이 신중하게 분석해서 내린 결론이라고 확신하지만, 실제로는 조종자가 설계한 프레임 안에서 예측 가능한 반응을 보인 것뿐이다.

이런 사람들은 자신만의 논리적 함정에 빠지고 말며, 이 상태가 가장 위험하다. 그들은 '나는 감정적으로 판단하지 않아', '나는 모든 가능성을 검토했어' 하고 확신한다. 하지만 그 확신 자체가 편향의 산물이다. 나는 지금 이 글을 읽으면서도 어떤 편향의 영향을 받고 있을까? 내가 '그럴듯하다'고 느끼는 이 순간 자체가 이미 조종의 결과는 아닐까?

내가 현명하다고 믿는 순간, 당신의 뇌는 이미 함정에 빠져 있는 것이다.

결국 우리의 뇌는 완벽한 논리 기계가 아니라 **편향으로 가득한 감정적 동물의 뇌**다. 이 사실을 인정하고 자신의 한계를 아는 사람이 오히려 더 현명한 선택을 할 수 있다. 반대로 자신의 이성을 과신하는 사람은 더 교묘한 조종의 먹잇감이 된다. 인지 편향에서 완전히 자유로워질 수는 없다. 그것은 불가능하다. 대신 언제 자신이 편향에 취약해지는지 알고, 그 순간에 더욱 신중하게 판단해야만 한다. 그리고 누가 나의 편향을 이용하려 하는지 파악하는 것이다.

당신의 무의식은 이미 누군가의 전장이다. 문제는 그 전장의 주인이 누구냐는 것이다.

감정이라는 틈

감정은 인지보다 빠르다

인간의 감정 반응은 생각보다 훨씬 더 신속하다. 친구가 차갑게 돌아서는 표정을 보는 순간, 연인이 짜증 섞인 한마디를 내뱉는 순간, 상사가 실망스러운 시선을 보내는 순간, 당신의 뇌에서는 생각보다 먼저 감정이 터져 나온다. 위협을 인식하는 순간, 뇌의 편도체는 이성적 판단을 담당하는 전두엽보다 훨씬 먼저 반응한다. 이 신호는 '생각'이 아니라 '행동'을 직접 유발한다. 화를 내거나 움츠러들거나 말문이 막히는 반응이 대표적이다. '왜 내가 이렇게 반응했을까?'라고 나중에 후회하는 일이 생겼다면, 바로 이런 경우를 겪은 것이다.

다크 심리학은 바로 이 생각과 감정의 속도 차이를 노린다. 정보를 주기 전에 감정을 먼저 건드리면, 상대의 사고는 이미 특정 방향으로 기운다. 이때 이성이 개입할 여지는 거의 없다. 감정이 먼저 결론을 내리고, 이성은 그 결론을 나중에 합리화할 뿐이다.

이성이 검토할 수 없는
즉각적인 감정 반응이 이용당한다.

가족 식사 자리에서 부모가 "요즘 너 때문에 잠을 못 잔다"라고 말하는 순간을 생각해보라. 이 말을 듣는 순간 죄책감과 불안이 먼저 밀려온다. 그 다음에야 '정말 내 때문일까?', '구체적으로 어떤 부분이 문제일까?' 하는 이성적 질문이 뒤따른다. 하지만 이미 감정적 기조는 설정되었고, 그 후의 대화는 변명이나 사과의 방향으로 흘러간다. 직장에서도 마찬가지다. 상사가 회의 시작과 함께 "이번 프로젝트 결과가 실망스럽다"라는 말로 분위기를 잡으면, 참석자들은 방어적인 감정 상태가 된다. 그 후에 제시되는 모든 정보와 지시사항은 이미 '실패를 만회해야 한다'는 감정적 프레임 안에서 받아들여진다.

나는 지금 누군가의 감정적 프레임 안에서 반응하고 있는 건 아닐까? 내가 논리적으로 대응한다고 생각하지만, 실제로는 상대방이 유발한 감정에 따라 움직이고 있는 건 아닐까?

공감할 줄 아는 사람이 더 위험하다

정서적 지능 emotional intelligence 은 원래 자신의 감정을 이해하고 조절하며 타인의 감정을 공감하는 능력을 말한다. 정서적 지능은 건전한 관계를 위한 필수 요소이지만, 이 능력은 동시에 타인을 지배하는 정교한 기술로도 변질될 수 있다. 상대가 어떤 상황에서 기뻐하고, 어떤 말에 불안해하고, 무엇 때문에 분노하는지를 정확히 파악할 수 있다면, 그 감정 버튼을 원하는 타이밍에 정확히 눌러 원하는 반응을 이끌어낼 수 있다. 이는 선량한 목적으로도, 악의적인 목적으로도 사용될 수 있는 양날의 검이다.

직장에서 공감 능력을 발휘하면 권력 게임, 소위 사내 정치를 벌일 수 있다. 동료나 부하직원의 감정적 약점을 파악한 후, 그것을 업무 성과나 인사 평가에 영향을 미치는 데 활용한다. "너는 정말 섬세해서 이런 일에 적합하지 않은 것 같아", "이 프로젝트는 강한 멘탈이 필요한데 괜찮겠어?"라며 상대방의 자신감을 흔들면 특정 역할에서 배제하거나 포기하게 만들기 쉽다.

연인 관계는 공감 능력을 악의적으로 사용하기에 최적이다. 상대방이 어떤 표현에 감동받는지, 어떤 상황에서 죄책감을 느끼는지, 무엇을 두려워하는지를 세심하게 관찰한 후, 그 정보를 사용해 관계의 주도권을 잡는다. "당신이 이런 말을 하면 정말 상처받아", "당신만이 나를 이해해줄 수 있어", "다른 사람들은 이런 것도 못 참아주더라"와 같은 말들이 계산된 감정 조작의 예다. 가족 관계에서는 더욱 미묘하게 작동한다. 부모가 자녀의 성격과 감정 패턴을 잘 알고 있기 때문에, "네가 이렇게 하면 엄마가 얼마나 걱정하는지 알지?", "아빠는 네 실패를 보고 싶지 않구나"와 같은 말로 자녀의 죄책감과 불안을 자극해 원하는 선택을 하도록 유도한다.

조작하기 쉬운 네 가지 감정

다크 심리학이 목표로 삼는 감정들은 몇 가지로 압축할 수 있다. 각 감정은 서로 다른 방식으로 사람을 움직이지만, 공통점이 있다. 모두 이성보다 먼저 작동한다는 것이다.

두려움

두려움을 이용하면 상대의 행동을 위축시키고 동시에 나에게 매달리도록 의존성을 만들 수 있다. 사람이 두려워할 때는 안전지대를 간절히 찾는다. 이때 조종자가 그 안전지대를 제공하는 역할을 자처하면, 상대방은 자연스럽게 의존하게 된다. "이런 일이 계속되면 큰일 나", "요즘 같은 세상에서는 조심해야 해"라며 막연한 위기감을 조성한 후, "그래도 내가 있으니까 걱정하지 마", "내 말만 따르면 안전할 거야"라고 해결책을 제시하는 패턴이다. 부모가 자녀에게 "세상이 험하니까 부모 말을 잘 들어야 한다"고 말하거나, 연인이 "나밖에 없지? 나 없으면 누가 자기를 챙겨줄 거야"라고 말하는 것도 두려움을 이용한 의존성 강화다. 직장에서는 "요즘 경기가 어려우니까 실수하면 안 된다"며 불안감을 조성한 후 과도한 업무나 불합리한 조건을 받아들이게 만든다.

분노

분노는 판단을 흐리고 공격 대상을 바꾸게 한다. 화가 난 사람은 냉정히 분석하지 않고 즉각적으로 반응한다. 다크 심리학에 정통한 사람은 상대방의 분노를 자극한 후, 분노의 화살이 자신이 아닌 다른 대상을 향하도록 방향을 바꾼다. "정말 화날 만하다. 그런데 진짜 문제는 저 사람이야"라며 분노의 타깃을 전환시킨다. 정치인들이 자주 사용하는 기법이기도 하다. 사람들의 경제적 불만을 자극한 후, 그 분노를 특정 집단이나 특정 정책으로 돌린다. 가정에서도 "네가 화낼 만해. 그런데 진짜 문제는…" 하면서 가족 갈등의 원인을 다른 곳으로 돌린다.

죄책감

죄책감을 이용하면 자기 희생을 유도하고 불필요한 양보를 끌어낸다. 죄책감을 느끼면 불편한 감정을 해소하기 위해 뭔가를 해주려고 한다. 다크 심리학에서는 이 심리를 이용해서 "네가 그렇게 하면 나는 어떻게 되는 거야", "내가 너를 위해 얼마나 많은 걸 희생했는데"라며 죄책감을 자극하도록 한다. 연인 관계에서 "네가 늦게 들어오면 나는 밤새 걱정된다", "네가 친구들과 놀 때 나는 혼자 있어야 해"라고 말해서 상대방이 자신의 활동을 스스로 제한하게 만든다. 직장에서는 "내가 너를 믿고 맡긴 일인데", "팀을 위해서라도 해야 하지 않겠니"라며 개인적 부담을 팀이나 조직에 대한 의무감으로 포장한다.

기대

쾌락과 기대감은 사람을 앞으로의 보상에 매달리게 만든다. 즉각적인 만족보다는 "더 큰 보상이 올 것"이라는 기대를 심어주면, 사람들은 현재의 불편함을 참고 견딘다. 이 기대감을 조절하면 상대방의 행동을 쉽게 통제할 수 있다. "지금 조금만 참으면 나중에 훨씬 좋아질 거야", "네가 이렇게 해주면 나도 너를 위해 특별한 걸 준비할게"라며 막연한 미래 보상을 약속한다. 구체적인 시기나 내용은 명시하지 않으면서도 기대감은 계속 유지시킨다. 직장에서 "지금 열심히 하면 승진 기회가 있을 거야", 연인 관계에서 "우리 관계가 안정되면 다음 단계를 생각해볼게"와 같은 말들이 익숙하다면, 주변의 인간관계를 다시 생각해봐야 한다.

감정 트리거의 정교한 조작

감정 트리거란 특정 자극이 자동적으로 특정 감정 반응을 유발하는 심리 장치다. 이는 과거 경험, 학습된 연상, 사회문화적 신호에 기반해서 형성된다. 조종자는 상대방의 개인적 트리거를 탐색하고, 그것을 의도적으로 활성화시킨다. 예를 들어, 어린 시절에 부모로부터 "너는 왜 이렇게 느리니?"라는 말을 반복해서 들은 사람은, 성인이 된 후에도 누군가 조급해하는 표정을 보이거나 "빨리 좀 해"라는 말을 들으면 자동으로 위축되고 불안해진다. 다크 심리학을 아는 사람은 이런 개인사를 파악한 후, 그 트리거를 전략적으로 활용한다.

직장에서 동료가 "너는 항상 완벽주의 성향이 있어"라고 말한 후, 중요한 업무를 맡기면서 "이번에는 완벽하게 해야 해. 실수하면 안 돼"라고 압박을 해온다면, 트리거 활용을 시도하고 있는 것이다. 상대방의 완벽주의 성향을 자극해서 과도한 스트레스 속에서도 높은 성과를 내도록 만든다. 연인 관계에서는 더욱 개인적이고 은밀한 트리거들이 활용된다. 상대방이 어떤 표정을 할 때 불안해하는지, 어떤 말에 죄책감을 느끼는지, 어떤 상황에서 화를 내는지를 세심하게 관찰한 후,

그 정보를 이용해 관계의 주도권을 쥔다.

중요한 것은 강도가 아니라 빈도다. 강하게 한 번 자극하는 것보다는, 약하게라도 반복적으로 트리거를 건드려야 더 효과적이다. 반복해서 자극해주면 그 사람의 감정 반응 패턴을 점점 예측할 수 있고, 결국에는 통제할 수 있게 된다. 가족 관계에서도 이런 패턴이 나타난다. 부모는 자녀의 특정 감정 트리거를 파악한 후, 그것을 훈육이나 통제의 수단으로 활용한다. "네가 이렇게 하면 엄마가 속상해", "아빠가 화내는 모습을 보고 싶어?"와 같은 말들을 반복해 특정 행동 패턴을 학습시킨다.

나는 지금 누군가의 감정 트리거에 반응하고 있는 건 아닐까? 내가 특정 상황에서 항상 비슷하게 반응한다면, 그것이 누군가에게 예측되고 활용되고 있는 건 아닐까?

감정을 장악하는 사람이
생각과 행동 모두를 장악한다.

감정은 인간의 가장 원시적인 부분이지만, 동시에 가장 강력한 동력이다. **이성은 감정을 통제한다고 착각하지만, 실제**

로는 감정이 이성을 지배한다. 이 사실을 아는 사람이 모르는 사람을 조종하고, 이 사실을 부정하는 사람이 가장 쉬운 먹잇감이 된다. 중요한 것은 감정을 없애는 것이 아니라, 내 감정이 누구에 의해 어떻게 움직이고 있는지 파악하는 것이다. 그리고 그 감정의 주도권을 다시 내 손에 되찾아야만 한다. 당신의 감정은 지금 누구의 손에 있는가?

권력과 의존의 관계 구조

관계 속에는 언제나 서열이 있다

인간관계는 결코 대등하지 않다. 연인 사이든 친구 사이든 가족 안에서든 보이지 않는 힘의 축은 한쪽으로 기울어져 있다. 겉으로는 평등해 보이는 관계일지라도, 누군가는 더 많이 주고 누군가는 더 많이 받는다. 누군가는 더 많이 맞춰주고 누군가는 더 많이 요구한다.

직장에서 상사는 부하 직원보다 정보를 더 많이 갖고 있으며, 언제든지 정보의 흐름을 차단하거나 왜곡할 수 있다. 가족 내에서 부모는 자녀보다 더 많은 자원을 통제하며, 그 자원에 대한 접근권을 조절할 수 있다. 연인 관계에서도 한쪽이 더 많이 사랑하거나, 더 많이 필요로 하거나, 더 많이 잃을 것이 있다면 힘의 균형은 깨진다.

힘의 불균형은 정보, 자원, 사회적 지위, 감정적 영향력에서 나타난다. 갤린스키와 매기라는 연구자들이 진행한 심리학 연구에 따르면, 권력이 있는 사람은 타인의 관점을 덜 고려하고, 자신의 목표를 우선한다. 이런 경향은 의도하지 않아도 관계 속에서 조종의 자연스러운 토양이 된다. 상사가 "너만 믿고 이 일을 맡긴다" 하고 말하면서 동시에 "패하면 책임져야 한다" 하는 압박을 가하는 것, 부모가 "네가 행복하기만 하면 된다" 하고 말하면서도 특정 진로에 대한 기대를 계속 드러내는 것, 연인이 "네 마음대로 해"라고 말하면서도 특정 선택에 실망하는 반응을 보이는 것 모두가 권력의 미묘한 행사다.

나는 지금 내 관계들에서 어느 쪽에 서 있을까? 내가 더 많은 힘을 가지고 있는 관계가 있다면, 그 힘을 어떻게 사용하고 있을까? 반대로 내가 더 약한 위치에 있는 관계에서는 어떤 식으로 영향을 받고 있을까?

의존을 유도하는 교묘한 전략

권력은 단순히 강제로 얻는 것이 아니라, 상대방이 스스로 의존하도록 설계할 때 더 견고하고 지속적이 된다. 다크 심리학을 사용하는 조종자는 도움, 칭찬, 보호, 기회 제공 등 긍정적인 행동을 반복적으로 주입해서 자신을 '없어서는 안 되는 존재'로 자리 잡게 만든다.

직장에서 상사가 특정 부하직원에게만 중요한 정보를 미리 알려주거나, 어려운 일이 있을 때 보호해주는 모습을 보이면 그 직원은 점차 그 상사에게 의존하게 된다. "이 사람 없으면 내가 이 회사에서 어떻게 될까?"라는 생각이 자연스럽게 생긴다. 연인 관계도 마찬가지다. 한쪽이 상대방의 문제를 항상 해결해주고, 힘들 때마다 위로해주고, 다른 사람들과의 갈등에서 편을 들어주면, 받는 쪽은 점점 더 그 사람 없이는 살 수 없다고 느낀다. "이 사람이 아니면 누가 나를 이렇게 이해해줄까?"라는 의존감이 형성된다.

<u>스스로 의존하게 만드는 것이</u>
<u>진정한 권력이다.</u>

가족 관계에서는 더욱 복잡하다. 부모가 자녀에게 "엄마(아빠)는 너만 있으면 된다", "너 때문에 살고 있다"라고 말하면서 사랑을 표현하지만, 동시에 자녀에게 감정적 부담을 지운다. 자녀는 부모의 행복에 대한 책임감을 느끼게 되고, 자신의 선택이 부모에게 미칠 영향을 항상 고려한다.

이는 심리학에서 말하는 호혜성의 법칙과 정서적 유대 형성의 결합으로 설명된다. 도움을 받으면 되갚아야 한다는 사회적 압박감과, 그 사람에 대한 감정적 애착이 동시에 작용해서 벗어나기 어려운 심리적 구조를 만든다. 한번 의존이 형성되면, 상대는 스스로 결정을 내리는 것 같아도 실제로는 권력자가 제공한 선택지 안에서만 움직이게 된다. "네가 결정해"라고 말하지만, 실제로는 특정 결정만이 받아들여질 수 있는 분위기를 만들어놓는 것이다.

관계는 장기적 영향력으로 이어진다

일시적인 권력은 논리적으로는 언제든 무너질 수 있다. 하지만 인간은 관계에 의해 장기적으로 영향력을 주거나 받을 수 있다. 몇 가지 심리적 조건을 계속해서 유지한 인간관계들을 예로 들어볼 수 있다.

첫째, 대체 불가능한 인간관계라는 인식이다. "이 사람만이 나를 이해하고, 나를 지켜준다"라는 믿음을 형성하면 관계는 쉽게 끊어지지 않는다. 상사가 "너의 재능을 알아보는 사람은 나뿐이야"라고 말하거나, 연인이 "너의 이런 모습까지 받아주는 사람은 나밖에 없어"라고 말하는 것이 이에 해당한다. 직장에서는 특정 업무나 기술을 그 사람을 통해서만 배울 수 있게 만들거나, 중요한 인맥을 그 사람을 통해서만 만날 수 있게 만드는 방식으로 대체 불가능성을 구축한다. 가족 관계에서는 "다른 사람들은 우리 가족의 사정을 모르지만, 우리끼리는 서로를 이해한다" 하는 식으로 외부와의 차별화를 강조한다.

둘째, 통제와 보상의 균형이 절묘하게 유지된 인간관계다. 이것은 물리적인 통제와 보상일 수도 있지만, 감정과 연관시킬 수도 있다. 때로는 제한과 압박을, 때로는 보상과 지지를 제공해서 감정의 롤러코스터를 만든다. 이렇게 되면 상대방은 좋은 순간들을 잃지 않기 위해 나쁜 순간들을 참게 된다.

연인 관계에서 한쪽이 평소에는 차갑게 대하다가 가끔씩

특별한 관심과 애정을 보이면, 받는 쪽은 그 특별한 순간들을 다시 경험하기 위해 평소의 차가움을 견디게 된다. 직장에서도 상사가 평소에는 까다롭게 굴다가 가끔씩 크게 인정해주거나 기회를 주면, 부하는 그 인정을 다시 받기 위해 더 열심히 일하게 된다. 이런 패턴이 반복되면 상대방은 좋은 순간과 나쁜 순간 사이에서 심리적으로 갇히게 된다. "이 사람은 나쁜 사람이 아니야. 가끔 정말 좋을 때가 있으니까"라고 스스로를 설득하면서 관계를 유지한다.

셋째, 정보의 불균형이 유지되는 인간관계다. 외부에서 대안을 찾을 수 없게 만들면 심리적 탈출구는 자연스럽게 차단된다. 상대방이 다른 선택지가 있다는 것을 모르게 하거나 다른 선택지들이 모두 위험하거나 불가능하다고 믿게 만든다.

직장에서는 "요즘 취업이 얼마나 어려운지 알지?", "이 나이에 이직하면 어디서 받아주겠어?"라며 외부 시장에 대한 부정적 정보만 강조한다. 연인 관계인데 "네 나이에 다른 사람 만나기 어려워", "너를 이렇게 이해해줄 사람은 없어"라며 대안의 부재를 강조한다면 상대는 다크 심리학을 사용하고 있는 것이다. 가정 내에서는 "세상 사람들은 다 이기적이지만, 가족만은 네 편이야"라며 외부 세계에 대한 불신을 심는다. 친구들이나 다른 가족들과의 관계를 의도적으로 방해하고, 그들에 대한 부정적인 해석을 계속 내놓아 고립을 유도한다.

이러한 조건들은 종종 착취적 관계와 건강한 관계 모두에서 발견된다. 다만 결정적인 차이는 '누가 더 많은 선택권을 갖고 있는가'를 살펴보면 분명하게 드러난다. 건강한 관계에서는 양쪽 모두 언제든지 관계를 조정하거나 떠날 수 있는 자유가 있다. 하지만 조종하고 착취하는 관계에서는 한쪽의 선택권이 점진적으로 줄어들며, 결국에는 선택의 여지가 없다고 느끼게 된다.

나는 지금 누군가에게 이런 조건들을 적용하고 있는 건 아닐까? 아니면 누군가로부터 이런 조건들의 영향을 받고 있는 건 아닐까? 내가 선택의 자유가 있다고 생각하는 상황들이 실제로는 누군가가 설계한 제한된 선택지 안에서의 움직임은 아닐까? 결국 권력과 의존의 관계는 눈에 보이는 강제가 아니라 보이지 않는 구조 속에서 작동한다. 가장 강력한 통제는 통제당하는 사람이 그것을 통제라고 인식하지 못하는 통제다.

**상대방이 '내가 원해서 하는 일'이라고 믿을 때,
그 권력은 완성된다.**

이 구조를 이해하는 것은 그 구조에서 벗어나기 위한 첫 번째 단계다. 하지만 벗어나는 것만이 답은 아니다. 때로는 그 구조를 이해하고 활용하는 것이 더 현실적인 선택일 수도 있다. 중요한 것은 선택권이 누구에게 있는지 정확히 아는 것이다. 당신의 선택권은 지금 누구의 손에 있는가?

"생각을 훔치고
머릿속 지도를 바꾸라"

2부

인지 조작의 기술

언어의 감옥 안에 상대를 가두라

단어 선택이 사고를 설계한다

사람은 정보를 사실로 받아들이는 것이 아니라, '어떻게 제시되었는가'를 사실처럼 받아들인다. 같은 내용이라도 표현이 달라지면 전혀 다른 판단을 내린다. 이것이 바로 심리학에서 말하는 프레이밍 효과 framing effect 다. 1981년 트버시크와 대니얼 카너먼이 실시한 유명한 연구 결과가 있다. "수술 성공률 90%"라고 들은 집단은 수술 여부를 긍정적으로 판단했고, "수술 실패율 10%"라고 들은 집단은 수술받고 싶지 않아했다고 한다. 논리적으로는 완전히 같은 정보였지만, 환자들의 결론은 정반대였다. 이처럼 프레이밍은 정보를 해석하는 방향을 미묘하게, 그러나 결정적으로 바꾼다.

일상에서도 이런 일이 끊임없이 벌어진다. 직장에서 상사가 "이 프로젝트는 우리 팀의 역량을 보여줄 기회야"라고 말하는 것과 "이 프로젝트에 실패하면 팀 평가가 나빠져"라고 말하는 것은 같은 상황을 다르게 포장한 것이다. 하지만 듣는 사람의 동기와 태도는 완전히 달라진다.

인지가 조작되면, 동기와 태도가 변한다.

부모가 자녀에게 "공부하면 좋은 대학에 갈 수 있어"라고 말하는 것과 "공부 안 하면 좋은 대학 못 가"라고 말하는 것도 마찬가지다. 목표는 같지만, 자녀가 받는 심리적 압박과 동기의 질은 전혀 다르다. 나는 지금 누군가의 프레이밍에 영향을 받고 있는 건 아닐까? **내가 당연하다고 생각하는 그 판단이 사실은 누군가 특정한 방식으로 포장해서 제시한 정보에 기반한 것은 아닐까?**

원칙1 낱말로 결정 기준을 강요하라

프레이밍의 힘은 단순히 긍정적이냐 부정적이냐의 뉘앙스에만 있지 않다. 더 정교한 기술들이 있다. 첫째, 결정 기준을 고정시키는 언어를 사용한다. 사람들은 정보를 받을 때 동시에 그 정보를 평가할 기준도 함께 받아들인다. "이 기회를 놓치면 후회할 겁니다"라고 말하면 사람들은 손실 회피 본능을 자극당해, '후회하지 않으려면 어떻게 해야 할까?' 하는 기준으로 생각한다. "이 선택은 당신을 더 안전하게 합니다"라고 말하면 사용 편의성보다는 안정성을 기준으로 판단하게 된다.

연인이 "네가 진짜 나를 사랑한다면 이해해줄 거야"라고 말하면, 상대방은 자동으로 '사랑을 증명하려면 어떻게 해야 할까?'라는 기준으로 상황을 해석한다. 원래 가지고 있던 다른 기준들, 예를 들어 '이것이 나에게 도움이 될까?', '이것이 공정한가?' 같은 질문들은 뒤로 밀려난다. 직장에서도 마찬가지다. '팀워크를 위해서'라는 프레임이 제시되면, 개인의 업무 부담이나 업무 부담의 공정성보다는 '팀에 도움이 되는가?'가 판단 기준이 되어버린다. '회사의 미래를 위해서'라는 프레임을 씌우면, 현재의 처우나 개인적 희생보다는 '회사에 도움이 되는가?'가 우선순위가 된다.

원칙2 비교 대상을 전략적으로 설계하라

다음으로 비교 대상의 순서를 전략적으로 설계하는 프레이밍 테크닉이 있다. 먼저 보여주는 기준이 닻내림 효과를 일으켜, 이후 모든 판단의 기준점이 된다. 부동산 중개업자가 먼저 비싼 매물을 보여준 후 실제 목표 매물을 보여주면, 두 번째 매물이 상대적으로 합리적으로 느껴진다.

가족 간의 대화에서도 이런 일이 벌어진다. 부모가 "옆집 아이는 의대에 들어갔는데"라고 먼저 말한 뒤 "너도 최소한 좋은 대학은 가야지"라고 말하면, 자녀에게는 의대가 기준점이 되어 '좋은 대학'이라는 목표가 상대적으로 쉬워 보인다. 직장에서 상사가 "다른 팀은 야근을 매일 하는데"라고 먼저 말한 후 "우리 팀은 주 3회만 하자"라고 제안하면, 주 3회 야근이 관대한 조건처럼 느껴진다. 원래 야근 없는 정상적인 근무를 기대했던 직원도 이 제안을 받아들이기 쉬워진다.

원칙3 원하는 방향으로 수치와 통계가 말하게 하라

객관적으로 보이는 수치와 통계도 프레이밍 효과를 활용해 입맛에 맞게 바꿀 수 있다. 같은 숫자라도 표현 방식에 따라 느낌이 다르다. 예들 들어, "열 명 가운데 아홉 명이 성공할 확률"과 "실패 가능성 10%"은 같은 확률이지만 심리적 임팩트가 다르다. 확률로 표현하면 추상적으로 느껴지고, 구체적인 숫자로 표현하면 현실감이 더해진다.

친구가 투자 제안을 할 때 "지금까지 80%의 사람들이 수익을 봤어"라고 말하는 것과 "10명 중 2명은 손해를 봤어"라고 말하는 것의 차이를 생각해보라. 전자는 성공에 초점을 맞추고, 후자는 실패에 초점을 맞춘다. 같은 정보지만 받는 사람의 위험 인식은 완전히 달라진다.

쉽게 볼 수 있는 프레이밍 테크닉

연인 관계에서 프레이밍은 특히 강력하게 작용한다. "네가 나와 함께할 때 행복해 보여"라는 표현은 "네가 없으면 나는 외로워"보다 훨씬 좋은 반응을 얻을 수 있다. 전자는 상대방을 가치 있는 존재로 만들어주는 프레임이고, 후자는 부담을 주는 프레임이다. "우리가 함께 미래를 계획해보자"와 "너 없이는 미래를 생각할 수 없어"도 마찬가지다. 둘 다 상대방의 중요성을 표현하지만, 첫 번째는 협력적 관계를 암시하고, 두 번째는 의존적 관계를 암시한다. 듣는 사람의 부담감과 책임감이 완전히 다르다.

직장에서도 프레이밍 테크닉은 너무도 흔하다. "이번 달 안에 계약하면 10% 절약할 수 있습니다"보다 "다음 달부터는 10% 더 비싸집니다"가 더 결정을 즉시 일으킬 수 있다. 절약과 손실이라는 서로 다른 프레임이 긴급성의 정도를 바꾼다. 상사가 "이 일을 맡아주면 좋은 경험이 될 거야"라고 말하는 것과 "이 일을 안 하면 기회를 놓치게 돼"라고 말하는 것도 다르다. 전자는 성장과 기회라는 긍정적 프레임이고, 후자는 손실과 회피라는 부정적 프레임이다.

가족 관계에서는 더욱 미묘한 프레이밍이 작동한다. "네가 잘되면 우리는 자랑스럽지"와 "네가 실패하면 우리가 창피해"는 같은 기대를 다르게 표현한 것이다. 하지만 자녀가 받는 압박의 질과 동기의 방향이 완전히 다르다.

정치에서도 프레이밍은 핵심 기술이다. "사회 보장 혜택과 공공 서비스가 줄어든다"와 "정부 지출을 줄인다"라는 말은 전혀 다른 정서를 불러일으킨다. 전자는 개인의 혜택에 초점을 맞추고, 후자는 정부의 책임 축소에 초점을 맞춘다. 같은 정책이지만 지지층의 반응은 전혀 달라진다..

프레이밍 테크닉을 사용할 때 주의할 점

프레이밍은 강력한 도구이지만 남용하면 안 된다. 과도한 부정적 프레이밍은 불안과 불신을 유발해서 오히려 관계를 해친다. "안 하면 큰일 난다"라는 식의 협박성 프레임을 반복해서 사용하면, 상대방은 스트레스를 받고 결국 관계에서 벗어나려 한다. 또한 프레이밍이 너무 노골적이면 조작 의도가 드러나서 신뢰를 잃을 수 있다. 상대방이 "저 사람이 나를 유도하려고 하는구나"라고 눈치채는 순간, 모든 프레이밍은 효과를 잃는다.

가장 효과적인 프레이밍은 상대방이 그것을 프레이밍이라고 인식하지 못하는 프레이밍이다. 자연스럽고, 진실하며, 상대방에게도 실제로 도움이 되는 방향으로 프레임을 설정할 때 장기적으로 가장 강력한 영향력을 발휘한다. 나는 지금 누군가를 향해 어떤 프레임을 사용하고 있을까? 그 프레임이 상대방에게 도움이 되는 방향일까, 아니면 단순히 내 목적을 위한 조작일까?

말하는 방식이 바뀌면 세상을 바꾼다.

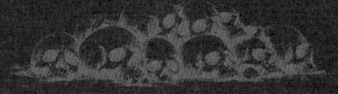

프레이밍 효과를 이용하는 사람의 말버릇

◆ **긍정, 부정의 프레임을 은밀히 덧씌운다**
  → "너 나랑 있으면 행복해 보인다"
  → "이 프로젝트를 안 하면 좋은 기회를 놓치는 거야"
  → "네가 벌이가 좋지 않아서 엄마가 창피해"

◆ **단어와 함께 결정 기준을 강요한다**
  → "나를 정말 사랑한다면 너는 이해할 거야"

◆ **비교 순서를 설계한다**
  → "다른 팀은 야근을 매일 하는데 우리는 주 3회만 하자"

◆ **수치 표현을 바꾼다**
  → "지금까지 80%의 사람들이 수익을 냈습니다"

프레이밍 전략 체크리스트

■ 같은 내용을 긍정과 부정 두 가지 방식으로 표현해 본다

■ 상대방에게 어떤 판단 기준을 심어 주고 싶은지 명확히 한다

■ 비교 대상을 전략적으로 선택하고 순서를 정한다

■ 숫자와 비율을 상황에 맞게 표현 방식을 바꾼다

■ 장기적 신뢰 관계를 해치지 않는 선에서 활용한다

기준과 범위를 못 박아라

시선을 다른 곳으로 돌리는 기술

2025년 일본은 트럼프 2기 행정부와 협상해 일본산 상호관세율 15%에 합의하고 환호했다. 기존에 비해 막대한 관세를 부과받게 되었으나, 트럼프 행정부에서 초기 협상 단계에서 25%의 관세 폭탄을 예고했기 때문에 생겨난 착시 효과 때문이었다.

이처럼 상대를 조종하려 할 때의 핵심은 직접 설득하는 것이 아니다. **직접 조작하려 하면 상대는 반발한다. 대신, 자연스럽게 상대가 주목하는 기준점을 바꾸어야 한다.** 정면승부보다는 상대방의 주의력과 판단 기준을 전략적으로 조작해 원하는 결론에 이르게 만드는 것이 더 효과적일 때가 많다. 심리적 초점 조작의 대표적인 전략인 미끼와 유도는 바로 이런 닻내림 효과를 활용한다. 미끼를 던져 주의를 본질과 무관한 곳으로 돌려 핵심을 보지 못하게 만든다. 유도는 선택지에 '의도된 비교 대상'을 넣어 원하는 선택을 하게 만든다.

마술사가 관객의 시선을 손에서 멀리 떨어진 곳으로 이끌어 트릭을 숨기는 것처럼, 일상의 조종자들도 상대방의 관심을 전략적으로 이동시킨다. 직장에서 상사가 불합리한 업무 조건을 제시할 때 사소한 혜택을 전면에 내세우거나, 연인이 자신의 문제점을 감추기 위해 상대방의 다른 장점을 부각시키는 것이 그 예다. 본질은 같다. 당신이 보고 생각하는 '중심'을 바꾸면, 결론은 자동으로 변한다. 그리고 가장 교묘한 점은 상대방이 스스로 그 결론에 도달했다고 믿게 만드는 것이다.

원칙1 선택의 범위를 좁혀라

선택지를 주는 것처럼 하면서, 실제로는 범위를 제한해 상대가 특정 길로만 가도록 만들어야 한다. 선택지를 주는 것처럼 보이지만, 실제로는 범위를 제한해 상대가 특정 길로만 가도록 만드는 기술이다.

부모가 자녀에게 "방학 때 뭐 하고 싶어?"라고 묻지만 사실상 "기숙 학원 가기, 단과 학원 가기, 집에서 공부하기"만 제시하면, 자녀는 비교적 선택지가 있다고 생각하지만 이미 즐겁게 노는 선택지는 선택 범위에서 제외되고, 교육적 활동 범위 안에서만 선택을 강요받고 있는 것이다. 연인관계도 마찬가지다. "오늘 저녁에 뭐 할까? 영화 보기, 산책하기, 카페 가기"라고 물으면, 사실상 '함께 보내는 시간'만 허용된 범위다. 친구를 만나거나 혼자 쉬고 싶다는 옵션은 배제된다. 직장에서도 상사가 "A 방식으로 빨리 끝내기, B 방식으로 꼼꼼히 하기, C 방식으로 협업하기" 같은 선택지만 주면, 프로젝트 자체를 거부할 수는 없다. 상대방은 자유롭게 골랐다고 믿지만, 실제로는 좁혀진 범위 안에서만 움직이게 된다.

다만 같은 사람에게 반복적으로 이런 기법을 사용하면, 패턴이 드러나서 의심을 받게 된다. "저 사람은 항상 선택지를 조작해서 제시한다"는 인식이 생기면, 이후의 모든 제안이 의심의 눈으로 받아들여진다. 한번 신뢰를 잃으면 회복하기 어렵다는 점을 명심해야 한다.

원칙2 극단적인 선택지를 맨 처음 제시하라

사람은 극단적 대안을 제시받으면 '중간안'을 훨씬 더 합리적으로 느끼게 된다. 예를 들어, 한 레스토랑 메뉴에서 3만 원짜리 A 코스와 5만 원짜리 B 코스만 있으면 B 코스가 비싸 보인다. 그런데 메뉴에 8만 원짜리 C 코스를 추가하면, B 코스는 합리적인 중간안처럼 보인다. 소비자는 스스로 합리적인 판단을 했다고 믿지만, 실은 **제시된 기준점에 의해 인지가 왜곡된 결과일 뿐이다.** 일상의 인간관계에서도 이런 패턴이 반복된다. 연인이 데이트 장소를 정할 때 "비싼 레스토랑, 적당한 카페, 집에서 배달음식" 세 가지 옵션을 내세우면서 실제로는 카페를 원한다면, 극단적인 레스토랑과 성의 없어 보이는 배달음식은 단지 '비교용 미끼'일 뿐이다. 결국 카페가 가장 합리적 선택처럼 보이게 된다.

직장에서도 이 원리는 자주 활용된다. 상사가 "이번 주말에 출근하거나, 다음 주에 야근하거나, 아니면 프로젝트를 다음 달로 미루는 방법이 있어"라고 말하면, 과도한 주말 근무와 부담스러운 프로젝트 연기를 피하려는 팀원들은 결국 '야근'이라는 중간안을 수용한다. 정치 영역에서도 극단적인 정책안을 먼저 내놓아 반발을 유도한 뒤, 원래 목표였던 중간 수준의 안을 "현실적인 대안"으로 포장하는 전략이 흔하다. 사람들은 극단을 피했다는 안도감 때문에 중간안을 쉽게 받아들인다.

이 원리는 선택지의 순서 효과 order effect 와 결합될 때 더욱 강력하다. 사람은 단순히 어떤 선택지가 제시되었는가뿐 아니라, 그것이 어떤 순서로 등장했는가에도 크게 영향을 받는다. 처음 제시된 정보에 끌리는 경향과 마지막에 제시된 정보가 더 강하게 남는 경향이 그것이다.

순서 자체가 메시지다.

부모가 자녀에게 "방학 때 학원 다닐래, 캠핑 갈래, 아니면 집에서 공부할래?"라고 묻는 상황을 생각해보자. 자녀는 순서대로 떠올리며, 처음 나온 학원이 기본 옵션처럼 느껴진다. 반대로 마지막에 나온 '집에서 공부하기'는 강한 인상을 남겨 부모가 원하는 방향으로 유도할 수도 있다. 직장에서 상사가 원하는 안건을 처음이나 끝에 배치하는 것 역시 같은 맥락이다. 식사 메뉴를 정할 때도 순서 효과를 사용할 수 있다. "오늘 뭐 먹을까? 파스타? 삼겹살? 아니면 집에서 치킨 시켜 먹을까?"라고 할 때, 사실 말한 사람은 치킨을 원한다. 마지막 순서에 자연스럽게 배치함으로써 상대방이 그 선택을 떠올리기 쉽게 만든다.

핵심은, 극단적 선택지와 순서 효과를 결합하면 상대는 스스로 선택했다고 믿으면서도 사실상 원하는 방향으로 유도되는 착각에 빠진다는 것이다. 조종자는 극단안을 맨 처음 배치해 첫 선택지의 매력을 제거하면서 동시에 기준을 만든다. 이것은 '중간안'을 더욱 매력적으로 보이게 만든다.

**가장 완벽한 조종은 조종당한 사람이
자유롭게 선택했다고 믿는 조종이다.**

닻내림 효과를 이용하는 사람의 말버릇

◆ **선택지를 항상 제시한다**
  → "오늘 저녁에 뭐 할까? 영화 보기, 산책하기, 카페 가기"

◆ **극단적인 선택지를 포함한다**
  → "상호관세율 25%를 희망함"

◆ **선택지의 순서를 컨트롤한다**
  → "기숙 학원에 가볼래, 단과 학원에 가볼래, 집에서 공부할래?"

◆ **상대에게 선택의 환상을 준다**
  → "네가 고르고 싶은 걸 골라"

닻내림 효과 전략 체크리스트

■ 상대가 고르지 않았으면 하는 선택지는 처음부터 제외시킨다

■ 상대방이 정말 하고 싶지 않을 극단적 선택지는 무엇인지 생각해본다

■ 선택지를 제시할 때 내가 원하는 목표를 분명히 정해둔다

■ 선택지를 제시할 때 상대방의 선호도를 수치화해서 생각해본다

■ 의사결정 과정과 결정 뒤에 지속해서 상대의 선택임을 강조한다

사회적 설득력을 활용하라

다수의 선택이 갖는 위력

인간은 본능적으로 다수의 선택을 안전 신호로 받아들인다. 원시 시대부터 무리의 행동을 따라가는 것은 생존 확률을 높이는 검증된 전략이었다. 혼자 다른 길을 가다가 위험에 빠질 바에는, 다수가 가는 길을 따라가는 것이 안전했다. 지금도 우리는 군중의 선택, 타인의 행동, 다수의 목소리를 무의식적으로 신뢰한다. 새로운 레스토랑을 고를 때 줄이 긴 곳을 선택하고, 온라인 쇼핑에서 리뷰가 많은 제품을 고르며, 많은 사람이 '좋아요'를 누른 게시물에 더 관심을 갖는다.

심리학자 로버트 치알디니는 이를 사회적 증거 social proof 라고 정의하며, 사람들은 특히 불확실한 상황에서 다른 사람들의 행동을 기준 삼아 결정을 내린다고 설명했다. 확신이 서지 않을 때일수록, 우리는 다른 사람들이 어떻게 하는지를 더 간절히 찾게 된다. 일상의 인간관계에서도 이 원리가 강력하게 작동한다. 직장에서 "다른 팀들은 다 이렇게 하고 있어"라는 말, 가족 내에서 "다른 집 아이들은 다 해"라는 표현, 친구 사이에서 "요즘 다들 이런 거 해"라는 이야기가 모두 사회적 증거를 활용한 설득이다. 나는 지금 내 판단을 내리고 있는 걸까, 아니면 다른 사람들의 선택을 따라하고 있는 걸까? 내가 '옳다'고 생각하는 기준이 정말 내 것일까, 아니면 다수가 만들어낸 기준일까?

원칙2 권위와 지위를 내세우라

권위의 힘은 전문성과 지위에서 나온다. 전문가나 영향력 있는 인물이 사용하는 제품, 지지하는 사상, 추천하는 방법은 곧 신뢰의 근거가 된다. 의사가 권하는 건강식품, 유명 투자자가 언급한 주식, 교수가 추천하는 책은 쉽게 설득력을 얻는다.

심리학 연구에서도 이런 현상은 반복적으로 확인된다. 예컨대, 한 실험에서는 흰 가운을 입은 사람이 지시할 때 사람들이 훨씬 더 쉽게 따르는 경향을 보였다. 우리가 "의사 말이라면 믿을 만하다"라고 느끼는 것과 같다. 또, 설득의 법칙을 정리한 심리학자 로버트 치알디니도 "사람들은 전문가의 말에 본능적으로 고개를 끄덕인다"고 설명한다.

일상에서도 권위는 미묘하게 작동한다. 직장에서 "부장님도 이렇게 하라고 하셨어"라는 말, 가족에서 "아빠가 옛날에도 이렇게 했어"라는 표현, 친구 사이에서 "성공한 선배가 이렇게 하라고 하더라"는 조언이 모두 권위를 빌린 설득이다. 핵심은 단순하다. **사람들은 무엇을 말했는가보다, 누가 말했는가에 더 크게 영향을 받는다.** 그래서 권위를 활용하는 순간, 같은 말도 훨씬 무게감 있게 들리게 된다.

물론 단순히 권위를 빌리는 것만으로는 부족하다. 핵심은, 상황에 맞는 권위를 끌어오는 것이다. 같은 메시지라도 누구의 목소리를 빌리느냐에 따라 설득력이 전혀 다르다. 건강이나 안전과 관련된 주제에서는 전문가의 권위가 가장 강하다. 의사, 연구자, 전문가의 말은 개인적인 경험보다 훨씬 큰 신뢰를 얻는다. "나는 괜찮았어"라는 말보다는 "의사가 그랬어"라고 말해야 한다. 돈이나 투자, 커리어와 관련된 문제에서는 성과와 지위의 권위가 통한다. 성공한 CEO, 유명 투자자, 업계 선배의 말이 강력한 기준점이 된다.

원칙2 "다들 하고 있다"라고 말하라

다수의 힘은 숫자와 집단 압력에서 나온다. 많은 사람들이 선택한 옵션을 안전하고 옳은 선택처럼 보이게 한다. 대표적인 연구로, 심리학자 솔로몬 애시가 했던 동조 실험이 있다. 실험자는 참가자들에게 여러 개의 직선을 보여주고 기준선과 길이가 같은 선을 고르라고 했는데, 정답은 누구나 쉽게 알 수 있는 수준이었다. 그런데 주변 사람들이 일부러 틀린 답을 똑같이 말하자, 참가자들 중 무려 75%가 최소 한 번 이상 그 집단에 동조했다. 평균적으로도 응답의 3분의 1이 틀린 답으로 바뀌었다. 즉, '다수가 그렇게 말한다'는 사실 하나만으로도 개인의 눈에 보이는 진실이 흔들릴 수 있다는 것이 입증된 셈이다.

"다들 하고 있다"라는 한마디는
어떤 긴 설명보다도 훨씬 강력하다.

    이런 심리는 일상 속에서 아주 흔하다. 마케팅에서는 "10명 중 8명이 선택한 상품" "1만 명이 이미 가입한 서비스"라는 문구가 사회적 증거를 이용한 전형적인 설득 방식이다. 가족 관계에서는 "다른 집 아이들은 다 학원 다녀"라는 말로 자녀를 움직이며, 직장에서는 "다른 부서들은 다 야근해"라며 추가 근무를 당연시하게 만든다. 친구 사이에서는 "우리 동기들 다 결혼했어"라는 말이 결혼 압박으로 작동한다. 핵심은, 다수가 따르는 모습을 보여주는 순간, 사람들은 그 선택이 더 안전하고 보편적이며, 따라서 합리적이다라고 믿는다는 것이다.

원칙3 동질감과 소속감을 강조하라

사람은 본능적으로 나와 비슷한 사람들의 선택을 신뢰한다. 나이, 직업, 문화, 생활 방식이 비슷하면 "저 사람들이 한 결정은 나에게도 맞을 것"이라는 생각이 강하게 작동한다. 이게 바로 동질감과 소속감의 힘이다.

심리학 연구에서도 이런 경향은 여러 차례 입증되었다. 사회심리학자 로버트 치알디는 사람들을 움직이는 여섯 가지 원리 중 하나로 유사성 similarity 을 꼽았다. 그는 "사람들은 자신과 닮은 사람들에게 더 호감을 느끼고, 설득에도 더 쉽게 넘어간다"고 설명한다. 실제 실험에서도 외모, 출신지, 관심사 등이 조금만 겹쳐도 상대방의 요청을 들어줄 확률이 높아졌다.

다수가 믿는 것이 결국 옳은 것이 된다.

이 원리는 일상 속에서 아주 흔하다. 학부모 모임에서 "우리 동네 엄마들은 다 그 학원 보내더라"라는 말은, 마치 검증된 선택처럼 들린다. 직장에서는 "같은 부서 선배들도 다 이 과정을 거쳤어"라는 말이 신뢰를 준다. 친구 관계에서는 "우리 또래는 다 이 앱을 쓰더라"라는 말이 자연스럽게 설득으로 이어진다.

동질감은 단순한 정보 전달을 넘어, 심리적 안전망을 만들어준다. "나만 이렇게 하는 게 아니구나"라는 확신이 불안을 줄이고, 선택을 쉽게 만든다. 그래서 유사성을 강조하는 설득은 언제나 강력하다. 가장 교묘한 점은, 이런 설득이 논리적 근거보다 정서적 안도감을 더 크게 자극한다는 것이다. 사실 "같은 학교 출신들이 많이 간다"는 정보는 내 상황과 직접적인 관련이 없을 수도 있다. 그럼에도 불구하고 사람들은 소속감과 동질감을 근거로 결정을 내린다.

쉽게 볼 수 있는 사회적 증거 전략

연구 사례를 보면 사회적 증거의 효과는 놀랍다. 치알디니와 연구자들은 호텔 안내문을 사용하여 실험을 했다. 호텔 투숙객에게 "이 방에 묵은 75%의 손님이 수건을 재사용했습니다"라는 안내문을 보여주었을 때, 단순히 "수건을 아껴 환경을 보호합시다"라는 환경 보호를 권장하는 문구보다 훨씬 효과가 좋았다. 사람들은 추상적인 환경 보호 가치보다는 구체적인 다른 사람들의 행동에 더 강하게 반응했다.

직장에서도 이 원리가 광범위하게 활용된다. "우리 회사 직원 90%가 참여하는 교육 프로그램"이라고 소개하면, 그 프로그램의 실제 내용이나 효과보다는 참여율 자체가 설득 요소가 된다. 가족 관계에서는 더욱 일상적으로 사용된다. 부모가 자녀에게 "친구들 부모님들도 다 이렇게 생각하셔"라고 말하거나, "우리 친척들은 다 그렇게 했어"라며 설득하고는 한다. 자녀는 혼자만 다른 생각을 가지고 있다는 고립감을 느끼게 되고, 결국 다수의 의견에 동조하고 만다.

연인 관계에서도 사회적 증거는 유용하다. "다른 커플들은 다 이렇게 해", "내 친구들의 남자친구들은 모두 이런 선물을 사줘"라는 말로 상대방에게 '정상적인' 연인의 기준을 제시한다. 친구 사이에서는 "요즘 다들 이거 하던데"라며 집단 내 규범을 만들어낸다. 개인의 다른 취향이나 생각을 '비정상적'이거나 '뒤떨어진' 것으로 만들어버린다.

조작된 사회적 증거

사회적 증거마저도 조작할 수 있다. 실제로는 소수의 의견이지만 마치 다수의 의견인 것처럼 포장하거나, 가짜 권위를 만들어내거나, 유사성을 과장해서 제시하는 경우가 많다. 온라인에서는 조작이 더욱 쉽다. 가짜 리뷰, 조작된 '좋아요' 수,

허위 추천 게시물이 넘쳐난다. "1만 명이 선택한 제품"이라고 하지만 실제로는 구매자가 몇백 명에 불과할 수도 있다.

다수가 믿지 않는 것도
다수가 믿는 것으로 만들 수 있다.

일상에서도 비슷한 과장을 하고는 한다. "다른 사람들은 다 그렇게 해"라고 말하지만, **실제로는 한두 명의 사례를 일반화한 것일 수 있다.** "전문가들이 추천하는"이라고 하지만, 그 전문가의 자격이나 이해관계를 확인해보면 의심스러운 경우도 많다. 특히 가족이나 친밀한 관계라면 이런 과장된 사회적 증거를 더 쉽게 받아들인다. 상대방이 의도적으로 거짓말을 할 것이라고 생각하지 않기 때문에, 검증 없이 그 말을 믿는다.

사회적 증거에 휘둘리지 않는 법

사회적 증거의 위력을 알았다면, 그것에 무분별하게 휘둘리지 않을 방법도 알아야 한다. 가장 중요한 것은 구체적인 근거를 요구하는 것이다. 다른 사람들이 다 한다는 말을 들었을 때, 구체적으로 누가, 얼마나 많은 사람이 그렇게 하는지를 물어야만 한다. 전문가가 추천한다고 하면 어떤 분야의 어떤 전문가인지 그리고 그 전문가가 제시한 근거는 무엇인지 확인해야 한다. 또한 내 상황과의 차이점을 고려해야 한다. 다른 사람들이 선택한 것이 나에게도 적합한지, 내 조건과 목표에 맞는지 냉정하게 판단해야 한다. 다수의 선택이 항상 최선의 선택은 아니다.

시간을 두고 생각해보는 것도 중요하다. 사회적 증거는 즉각적인 반응을 유도하는 경우가 많아, 지금 당장 결정하지 않으면 기회를 놓친다는 압박과 함께 제시되고는 한다. 하지만 정말 중요한 결정일수록 충분한 시간을 갖고 다각도로 검토해야 한다. 나는 지금 정말 다수의 의견에 동조해야 할 상황일까? 아니면 내 고유한 판단을 내려야 할 순간일까? 다른 사람들의 선택을 참고하되, 최종 결정은 내 가치관과 상황에 맞게 내리고 있을까?

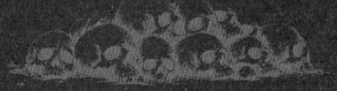

사회적 증거를 이용하는 사람의 말버릇

◆ **다수의 선택을 강조한다**
  → "10명 중 8명이 선택했어"
  → "1만 명이 이미 가입했대"

◆ **권위를 빌려 말한다**
  → "의사들도 다 이걸 권하더라"
  → "성공한 CEO들도 다 이렇게 해"

◆ **동질감을 부각한다**
  → "우리 또래는 다 이 앱 써"
  → "우리 동네 엄마들은 다 그 학원 보내"

◆ **구체적인 사례를 들며 압박한다**
  → "이 방에 묵은 75%의 손님이 수건을 재사용했대"

◆ **과장된 다수를 내세운다**
  → "다른 사람들은 다 그렇게 해"
  → "전문가들이 다 추천하는 방법이야"

사회적 증거 전략 체크리스트

■ 실제로 몇 명인지 구체적인 수치를 확인한다

■ 전문가의 분야와 근거를 검증한다

■ "우리 집단"과 나의 상황이 같은지 냉정하게 비교한다

■ 시간을 두고 판단한다

■ 한두 사례를 일반화한 것은 아닌지, 과장된 다수의 주장인지 의심해본다

가장 약해질 때를 기다려라

결정이 쉬워지는 순간

사람의 판단력은 하루 종일 일정하지 않다. 아침에 또렷하던 이성적 사고와 분석력도 시간이 흐르면서 점점 흐려진다. 바로 의사 결정 피로 decision fatigue 때문이다. 우리의 인지 자원은 무한하지 않으며, 하루 동안 크고 작은 선택을 반복하면서 서서히 고갈된다. 결국 피로가 쌓일수록 신중한 판단은 줄어들고, 익숙하고 안전한 선택으로 기울게 된다.

오전에는 집중력과 분석력이 높아 비교적 합리적인 결정을 내리지만, 오후로 갈수록 피로와 회피 성향이 두드러진다. 특히 점심 직전이나 하루가 끝나갈 무렵에는 복잡한 판단보다 단순하고 위험이 적어 보이는 선택을 택하는 경향이 강해진다. 소비자 행동 등 행동과학 기반 의사 결정을 연구하는 레바브 등이 진행한 실제 연구에서도 확인된다. 판사들의 보석 허가 결정을 추적해본 결과, 오전에는 허가율이 65%였지만, 오후로 갈수록 급격히 떨어져 하루 끝 무렵에는 거의 0%에 가까워졌다. 죄목과 상황이 같더라도 단순히 판사가 업무를 처리한 시간 차이 때문에 전혀 다른 결과가 나왔다. 이것이 바로 의사 결정 피로 효과다.

사람은 피곤할수록 새로운 가능성보다 '안전한 거부'를 택한다. 보석을 허가하면 책임이 따르지만, 거부하면 상대적으로 안전하다. 피로한 상태에서는 이런 보수적이고 소극적인 판단이 자동으로 활성화되는 것이다. 일상에서도 이 효과는 분명하다. 직장에서 늦게까지 계속된 회의에서 "이 안건 어떻게 할까요?"라는 질문을 받으면, 적극적으로 의견을 내기보다 "다들 어떻게 생각하세요?"라며 결정 자체를 미루거나 다수 의견에 따르려 한다. 결국 우리는 스스로 합리적이라고 믿지만, 시간과 피로가 은밀히 우리의 판단을 조종하고 있다.

원칙1 핵심 요청을 하기 전에 결정 피로를 유발시켜라

다크 심리학 사용자들은 상대방의 시간적 취약점을 정확히 노린다. 단순히 언제 말을 꺼내느냐가 아니라, 상대방의 심리 상태의 타이밍에 맞춰 상대를 조작하려 한다 먼저, 핵심 요청을 하기 전에 일부러 결정 피로를 유발시킨다. 의사결정을 반복해서 하다 보면 사람은 피로해지고 마침내는 번아웃에 빠진다. 마치 근육을 계속 사용하면 지치듯이, 우리의 정신적 에너지도 하루 종일 결정을 내리다 보면 점점 약해진다. 이 상태에서는 복잡한 판단을 피하고 단순하고 쉬운 선택을 한다.

영업 분야에서는 이미 이 전략이 과학적으로 활용되고 있다. 긴 상담과 제품 설명으로 고객의 결정 피로를 유발한 후, 마지막에 핵심 제안을 꺼내는 것이 기본 전략이다. 고객이 "더 이상 생각하기 싫어, 그냥 결정하자"는 상태가 될 때까지 기다렸다가 계약을 요청한다.

**상대가 결정을 하기 싫어할 때가
가장 결정을 강요해야 하는 때다.**

부동산 중개업에서는 여러 매물을 하루 종일 보여준 후, 마지막에 진짜 팔고 싶은 매물을 보여주는 전략을 쓴다. 고객은 이미 많은 매물을 비교 검토하느라 지쳤기 때문에, 마지막 매물에 대해서는 상대적으로 관대한 기준을 적용하게 된다. 관계에서도 비슷한 패턴이 나타난다. 감정적으로 소모가 큰 대화나 갈등을 한 뒤, 상대방이 지친 상태에서 원하는 부탁을 꺼내는 것이다. "힘든 이야기했는데 미안해. 그런데 한 가지만 더 부탁할게"라는 식으로 접근한다.

원칙2 24시간 가운데 효과적인 시간을 골라라

생리학이나 심리학에 일주기 리듬 circadian rhythm 이라는 용어가 있다. 아침에는 수면 후 뇌가 회복된 상태라 에너지가 높고 도파민·세로토닌 같은 신경전달물질이 활발하게 작동해 긍정적이고 낙관적인 정서가 두드러진다. 그래서 아침에는 새로운 계획이나 도전적인 제안이 설득력을 얻기 쉽다. 반대로 오후로 갈수록 피로가 쌓이고 혈당이 떨어지면서 주의력과 인내심이 줄어든다. 이때는 현실적이고 보수적인 태도가 강해지며, 위험을 회피하려는 감정이 커진다. 저녁 무렵에는 특히 안정과 안전을 중시하는 선택을 더 선호하는 경향이 나타난다.

이런 변화는 설득의 성패를 가르기도 한다. 예를 들어 직장에서 새로운 프로젝트를 제안하려면 아침 회의 시간이 훨씬 유리하다. 아침에는 "이거 한번 해볼까?"라는 도전적인 메시지가 긍정적으로 받아들여지기 쉽다. 하지만 퇴근 직전에 같은 제안을 하면, 사람들은 비용과 리스크부터 떠올리며 부정적으로 반응할 가능성이 높다. 연인에게 "여행 한번 가볼까?"라는 제안도 아침에 하면 설렘과 기대가 먼저 떠오르지만, 저녁에 하면 일정·예산·피곤함 같은 현실적 고려가 더 크게 작용한다.

핵심은 시간대별 감정의 기류를 읽고, 그 흐름에 맞춰 제안을 배치하는 것이다. **아침에는 가능성과 희망을 강조하라. 오후와 저녁에는 안정과 신중함을 강조하라.** 같은 말이라도 언제 하느냐에 따라 설득력은 완전히 달라질 수 있다.

원칙3 여러 주기의 변화를 이용하라

하루 중의 시간뿐만 아니라 여러 주기에 따른 심리 변화를 계산해서 접근하는 것도 필요하다. 사람의 마음과 판단은 하루, 일주일, 한 달, 심지어 계절에 따라서도 달라진다. 우리의 뇌는 완전히 독립적으로 작동하지 않고, 시간의 흐름에 맞추어 일정한 패턴을 보인다. 이 패턴을 잘 읽어내면 설득이나 협상의 성공률을 크게 높일 수 있다.

예를 들어, 월요일 아침에는 '새로운 시작'에 대한 의욕이 가장 강하다. 연구에 따르면 사람들은 새로운 습관이나 계획을 세울 때 특정한 새 출발 효과 fresh start effect 에 더 쉽게 반응한다. 월요일, 새 학기, 새해 같은 시점이 대표적이다. 그래서 "이번 주부터 영어 공부를 시작해볼까?"라는 제안은 월요일 아침에 훨씬 더 잘 먹힌다. 반대로 금요일 오후가 되면 사람들의 마음은 이미 '휴식 모드'로 기울어져 있다. 같은 제안이라도 "오늘은 이걸로 마무리하고 주말을 즐기자"는 말이 훨씬 더 설득력 있게 들린다. 이 현상은 월초와 월말에서도 뚜렷하다. 월초에는 목표를 새롭게 세우려는 의욕이 높지만, 월말에는 정리하고 마무리하려는 심리가 강하다. 그래서 월초에는 "이번 달은 이런 목표를 세워보자"는 제안이 잘 받아들여지고, 월말에는 "지금까지 한 일을 정리하고 다음 달을 준비하자"는 접근이 효과가 있다.

심리는 항상 시간의 영향을 받는다. 사람들은 이성적으로 결정한다고 믿지만 실제로는 월요일 아침과 금요일 오후, 월초와 월말, 계절에 따라 전혀 다른 태도를 보인다. 설득자는 이 '심리의 파도'를 읽고, 가장 적절한 순간에 말을 꺼낼 줄 알아야 한다. 같은 메시지도 타이밍 하나로 전혀 다른 효과를 낼 수 있기 때문이다.

쉽게 볼 수 있는 타이밍 전략

직장에서 타이밍 전략은 특히 정교하게 사용된다. 오전에는 회의에서 적극적으로 의견을 내고 세부사항까지 꼼꼼히 검토하지만, 오후 늦은 시간의 회의에서는 "그냥 다수 의견에 따르겠다"라고 말하게 된다. 더 이상 분석하고 판단할 에너지가 남아있지 않기 때문이다. 상사들은 이를 잘 알고 있다. 중요한 승인을 받아야 할 때는 상대방이 여러 업무로 지친 오후 시간을 노린다. "바쁘신 거 아는데 잠깐만요"라고 시작해서 복잡한 설명 없이 간단한 승인만 요청한다. 지친 상대방은 세부사항을 묻기보다는 "알겠습니다"라고 쉽게 승인하게 된다. 반대로 새로운 프로젝트나 도전적인 제안은 아침 시간을 활용한다. "오늘 컨디션이 좋아 보이네요. 새로운 아이디어가 있는데 들어보실래요?"라며 상대방의 에너지가 높을 때 접근한다.

연인 관계에서는 더욱 미묘한 시간 조작이 벌어진다. 중요한 이야기나 어려운 부탁을 할 때, 상대방이 하루 일을 마치고 지친 상태에서 접근하면 저항이 줄어든다. "오늘 힘들었지? 그런데 한 가지 말하고 싶은 게 있어"라는 식으로 시작하는 대화가 그 예다. 데이트 중에도 시간 계산이 작동한다. 하루 종일 쇼핑이나 관광으로 즐겁지만 피곤한 시간을 보낸 후, "오늘 너무 좋았어. 우리 더 자주 이런 시간 보내면 안 될까?"라며 관계 발전을 제안한다. 좋은 기억과 피로가 결합되어 거절하기 어려운 상황을 만드는 것이다.

심리에는 항상 시간표가 있다.

가족 관계에서도 타이밍은 중요한 변수다. 아침에 자녀가 "친구 집에서 자고 와도 돼?"라고 물으면 여러 조건을 따지며 신중하게 답하지만, 저녁에 피곤한 상태에서 같은 질문을 받으면 "알아서 해"라고 대충 넘어가기 쉽다. 아이들은 이런 패턴을 빨리 학습해서 부모가 지쳤을 때 어려운 부탁을 꺼낸다. 친구 사이에서는 함께 쇼핑을 하거나 여행을 다녀온 후, 지친 상태에서 돈을 빌려달라거나 부탁을 하는 경우가 있다. 즐거운 시간을 보낸 후의 긍정적 감정과 피로로 인한 판단력 저하가 결합되어 거절하기 어려운 상황을 만든다.

정치나 사회적 이슈에서도 타이밍이 중요하다. 여론이 특정 사안으로 피로할 때, 장황한 반대 논리보다는 간결하고 반복적인 메시지가 더 효과적이다. 사람들이 더 이상 복잡한 분석을 원하지 않을 때, 단순하고 명확한 슬로건이 빠르게 확산된다. 언론도 이를 활용한다. 중요하지만 논란이 될 수 있는 뉴스는 금요일 저녁이나 연휴 전에 발표해서 대중의 관심이 분산되도록 한다. 반대로 여론을 집중시키고 싶은 이슈는 월요일 아침이나 사람들의 관심이 높은 시간대에 공개한다.

타이밍 조작의 위험성과 한계

타이밍을 노리는 전략은 강력하지만 남용하면 심각한 역효과를 낳을 수 있다. 과도하게 피로한 상태에서 내린 결정은 나중에 후회로 이어지고, 이는 관계에 대한 불신으로 발전한다. 상대방이 "그때 내가 너무 지쳐서 제대로 생각하지 못했어"라고 깨닫는 순간, 그 결정을 번복하려 할 뿐만 아니라 조종당했다는 배신감을 느끼게 된다. 특히 중요한 결정일수록 이런 후회와 분노가 크다.

타이밍에만 의존하는 설득은 근본적인 설득력이 부족하다는 뜻일 수도 있다. 정당하고 합리적인 제안이라면 언제 해도 받아들여질 가능성이 높다. 특정 타이밍에만 의존해야 하는 제안은 그 자체에 문제가 있을 수 있다. 가장 위험한 것은 이런 전략이 습관화되는 것이다. 항상 상대방의 약한 순간만 노리는 관계는 진정한 신뢰 관계가 될 수 없다. 상대방도 결국 패턴을 파악하게 되고, "저 사람은 항상 내가 지쳤을 때만 중요한 이야기를 꺼내네"라는 인식이 생기면 방어적 자세를 취하게 된다.

현대 사회에서는 타이밍 조작에 대한 인식도 높아지고 있다. "지금 상태가 좋지 않으니 나중에 이야기하자"고 거절하는 사람들이 늘어나고 있고, 중요한 결정은 충분한 시간을 두고 재검토하는 문화가 확산되고 있다.

타이밍 전략을 이용하는 사람의 말버릇

◆ **협상 전에 상대방의 피로 상태를 확인하는 말을 사용한다**
  → "바쁘신 거 아는데 잠깐만요"
  → "지친 것 같은데 괜찮아?"

◆ **결정 피로를 유발한 후 핵심적인 부탁을 한다**
  → "복잡하게 생각하지 말고 단순하게 가자"
  → "더 이상 고민하지 말고 결정하자"

◆ **결정 피로인 상황에 시간 압박을 가한다**
  → "다른 사람들도 기다리고 있어"

◆ **기분이 좋을 때 부탁을 꺼낸다**
  → "오늘 정말 즐거웠어, 그런데 한 가지 부탁이 있어"

타이밍 전략 체크리스트

■ 상대방의 에너지 수준과 감정 상태 파악하기

■ 오전에는 새로운 제안, 오후에는 승인 요청하기

■ 긴 회의나 활동 후 핵심 부탁 꺼내기

■ 요일이나 날짜에 따라 다르게 제안하기

■ 결정 피로 신호 포착 시 간단한 선택지만 제시하기

■ 감정적 소모 후 논리적 부탁 추가하기

■ 상대방이 습관화되지 않도록 패턴 변화주기

■ 타이밍이 부자연스럽지 않도록 자연스럽게 연결하기

마지막 기회라고 하라

제한된 기회가 만드는 가치

사람은 실제 가치보다 쉽게 구할 수 없다는 희소성에 더 강하게 반응한다. 같은 물건이라도 "마지막 하나"라고 하면 갑자기 갖고 싶어진다. 같은 기회라도 "지금 아니면 다시는 기회가 없다"라고 하면 조급해진다. 희소성의 원리 scarcity principle 는 어떤 대상이 드물수록 더 가치 있다고 느끼는 현상을 말한다. 이는 단순한 경제 논리를 넘어, 우리의 생존 본능과 깊이 연결되어 있다.

인간의 뇌는 진화적으로 희소성에 강하게 반응하도록 설계되었다. 원시 시대에 식량, 물, 짝짓기 상대와 같은 자원은 항상 부족했고, 희소한 자원을 먼저 확보하는 것이 생존과 번식에 절대적으로 유리했기 때문이다. 이처럼 희소성을 감지하고 빠르게 반응하는 인지적 편향은 진화적으로 유리한 형질로 발달해 현재까지 이어져 왔다.

현대 사회에서도 이 원시적 경고 시스템은 변하지 않았다. 뇌는 희소하거나 경쟁이 치열한 자원을 얻었을 때 도파민을 분비하여 강한 만족감과 쾌감을 느끼게 한다. 신경과학적 증거에 따르면, 사람들은 희소한 물건을 보았을 때 뇌의 보상과 관련된 영역인 복측 선조체가 더 활발하게 반응하는 것으로 나타났다. 이는 희소성이 단순히 인지적인 판단을 넘어, 뇌의 깊은 보상 회로를 직접적으로 자극한다는 것을 의미한다. 이러한 과학적 원리 덕분에 소비자들은 한정판 제품이나 마감 임박 상품에 더 강하게 끌리게 되는 것이다.

구하기 어려워 보이면
저절로 가치가 상승한다.

문제는 이 시스템이 너무 단순해서 쉽게 속는다는 것이다.

실제로 희소한지, 정말 가치 있는지 따지지 않고 일단 희소하다는 신호만 받으면 자동으로 반응한다. 악용하기도 쉽다. 사회심리학자 스티븐 워첼을 비롯한 연구자들은 쿠키를 이용한 실험을 진행했다. 참가자들에게 동일한 쿠키를 나눠주되, 한쪽 사람들에게는 쿠키를 가득 담은 병을 나눠주었다. 다른 그룹의 사람들에게는 쿠키가 단 두 개만 들어 있는 병을 주었다. 똑같은 쿠키였지만 수량이 제한적이라는 신호만으로도 실험 참가자들은 두 개만 남아 있는 쿠키를 훨씬 더 맛있고 가치 있는 것으로 평가했다. 이후 마케팅 연구에서도 온라인 쇼핑몰에서 "품절 임박" 표시를 붙였을 때 구매 의도가 평균 두 배 이상 증가한다는 결과가 반복적으로 확인되었다.

원칙1 시간을 제한해 상대를 가두어라

희소성의 위력은 단순히 개수가 적다는 사실에만 있지 않다. 더 정교한 심리 조작 기술들이 체계적으로 작동한다. "오늘까지만", "기간 한정 판매", "3일 후 마감" 등의 문구들이 그 예다. 시간의 압박은 충분히 생각할 여유를 주지 않고, 즉각적인 행동을 유도한다. 앞서 살펴보았던 손실 회피 편향이 여기서도 작동한다. 사람들은 무엇인가를 얻는 기쁨보다 잃는 고통을 더 크게 느낀다. 그래서 "지금 하지 않으면 기회를 잃는다"는 메시지는 "하면 이득을 얻는다"는 말보다 훨씬 더 강하게 작동한다.

시간 제한을 통한 압박의 효과는
기업들이 가장 잘 안다.

카너먼과 트버스키의 연구 흐름에서 비롯된 다른 연구자들이 수행한 실험에서도 확인된다. 같은 상품을 두 그룹에 제시했는데, 한쪽에는 "오늘 안에 사면 할인 적용"이라고 했고, 다른 쪽에는 "내일부터는 할인은 없어진다"라고 말했다. 결과적으로 두 번째 문구, 즉 '손실을 강조한 조건'에서 구매율이 훨씬 더 높았다.

이 원리는 인간관계 속에서도 교묘하게 쓰인다. 연인이 "오늘 안에 대답해줘, 아니면 기회 없어"라고 말하거나, 직장에서 상사가 "이번 주 안에 결정해야 해"라고 압박하면, 상대는 충분히 고민하지 못한 채 서둘러 결정을 내린다. 가족이

"올해가 지나면 늦어"라고 재촉하는 것도 마찬가지다. **사실은 언제든 선택할 수 있는 문제인데, '시간이 제한됐다'는 신호 하나만으로 생각이 왜곡되고 만다.** 기업은 이 심리를 누구보다 잘 안다. 항공권 예약 사이트는 "이 가격으로 남은 좌석 단 2개!"라고 알리고, 배달 앱은 "남은 수량 5개"를 강조한다. 사람들은 실제로 좌석이 2개 남았는지, 재고가 5개뿐인지 확인할 방법이 없지만, 그 숫자와 시간 제한에 마음이 급해진다.

시간의 압박은 단순한 장식이 아니라, 사람의 판단 체계를 우회해 즉각적인 행동을 유발하는 장치다. 결국 중요한 건, 사람들이 합리적으로 생각한다고 믿지만, 사실은 '시간에 쫓기는 두려움'이 결정을 좌우한다는 점이다.

원칙2 수량을 제한해 서로 경쟁하도록 하라

수량을 제한하면 사람들은 경쟁 본능을 자극받는다. "남은 자리 2개", "한정 수량", "선착순 마감" 같은 문구는 단순한 정보 전달이 아니라 강력한 심리적 신호다. 사람들은 '지금 행동하지 않으면 기회를 다른 사람에게 빼앗길지도 모른다'는 불안을 느낀다.

여기에는 희소성의 원리뿐만 아니라 사회적 증거 효과까지 함께 작동한다. "한정 수량"이라는 말 속에는 단순히 갯수가 적다는 의미만 있지는 않다. **"많은 사람들이 이미 원하고 있다"라는 암시가 숨어 있는 것이다.** 즉, 수량 제한과 사회적 증거가 결합되면 사람들은 "인기 있는 귀한 것"이라고 생각하며 더욱 서둘러 선택한다. 실제로 마케팅 연구에서도 '남은 좌석이 몇 개 안 된다'는 표현을 본 고객일수록 예약률이 눈에 띄게 올라간다는 결과가 보고된 바 있다.

다른 연구 사례도 있다. 여행 사이트에서 흔히 볼 수 있는 "마지막 객실 단 1개!" 같은 문구가 실제로 소비자의 선택에 어떤 영향을 주는지 궁금해한 연구자들이 있었다. 이를 확인하기 위해 작은 실험을 진행했다. 연구자들은 참가자들을 두 그룹으로 나눈 뒤, 똑같은 숙소 정보를 보여주었다. 단 한 가지 차이는 희소성 메시지였다. 한 그룹에는 숙소 설명에 "마지막 남은 객실이 1개뿐입니다"라는 경고 문구를 붙였고, 다른 그룹에는 아무 표시도 하지 않았다.

그 후 참가자들에게 "이 숙소를 예약하고 싶은 마음이 얼마나 되십니까?"라는 질문을 던졌다. 결과는 명확했다. '마지막 객실'이라는 메시지를 본 사람들은 훨씬 더 강하게 예약 의사를 드러냈다. 단순히 객관적인 정보가 아니라, 사라질지 모른다는 압박감이 선택을 서두르게 만든 것이다. 이 실험은 우리가 일상에서 느끼는 '희소성 효과'를 잘 보여준다. 실제보다 더 귀한 것처럼 보이게 하고, 합리적으로 따져보기보다 "놓치면 안 된다"는 본능적 반응을 일으켜 결정을 서두르게 만든다.

이 원리는 일상에서도 자주 쓰인다. 부모가 자녀에게 "이건 네 또래 중에 몇 명만 할 수 있는 기회야"라고 말하거나, "지금 안 하면 다른 아이들한테 밀려"라고 말하는 것이 그 예다. 아이 입장에서는 단순한 권유가 아니라, '놓치면 손해 보는 기회'처럼 느껴져 선택을 서두르게 된다. 핵심은 이렇다. 사람들은 부족한 자원을 두고 경쟁할 때 훨씬 강한 동기를 발휘한다. 그래서 수량 제한은 단순한 판매 기술을 넘어, 인간 본능을 건드리는 전략이다.

원칙3 선택받은 기분이 들게 하라

사람들은 단순히 '갯수가 적다'는 것에서 더 나아가 '나만 선택받았다'는 느낌을 받으면 훨씬 더 잘 반응한다. 사회심리학에서는 이를 배타적 집단 효과 exclusivity effect 라고 부른다. "특별히 선택된 사람들만", "조건에 맞는 몇 명만", "내부자만 아는 정보"라는 표현은 단순한 제한이 아니라, 자존감과 소속 욕구를 동시에 자극한다. 누구나 자신이 특별하고, 다른 사람들과는 차별된 대우를 받는다고 느끼고 싶어 하기 때문이다. 이런 심리를 보여주는 유명한 연구가 있다. 하버드 경영대학원 연구팀은 특정 고객 집단을 대상으로 "VIP 고객만 이용 가능한 혜택"이라고 알렸을 때, 같은 혜택을 단순히 "일반 할인"으로 소개했을 때보다 참여율이 훨씬 높았다는 사실을 확인했다. 즉, 혜택의 내용 자체보다 '선택받았다'는 기분이 구매와 참여를 더 강력하게 이끌어낸 것이다.

일상에서도 흔히 볼 수 있다. 친구 사이에서는 "이번 모임은 특별히 몇 명만 초대했어", "이건 일부만 아는 정보야"라는 말에 마음이 더 움직인다. 듣는 사람은 단순히 모임에 불려 간 것이 아니라, '내가 특별히 인정받았다'고 느낀다. 직장에서도 마찬가지다. "이 프로젝트에 참여할 수 있는 기회는 흔치 않아", "이번 경험은 일부 선발된 직원만 할 수 있어"라는 말은 단순히 업무 배정을 넘어서, 직원들이 자신을 선택받은 사람으로 느끼게 만든다. 이런 표현은 동시에 경쟁 심리까지 자극해서 "놓치면 안 된다"는 동기를 강화한다. 누군가를 설득하고 싶다면, 단순한 기회 제공이 아니라 "당신만을 위한 특별한 선택"이라는 프레임으로 포장하면 효과적이다.

쉽게 볼 수 있는 희소성 조작

연인 관계에서 희소성은 매우 미묘하게 사용된다. 직접적으로 "나를 놓치면 후회할 거야"라고 말하지는 않지만, "요즘 나에게 관심 보이는 사람들이 있어"라고 은근히 경쟁 상황을 암시하거나, "내가 언제까지 기다릴 수 있을지 모르겠어"라며 시간 제한을 넌지시 제시한다. 이렇게 말하면 상대방은 지금 행동하지 않으면 이 사람을 잃을 수도 있다는 불안감이 생긴다. 특히 관계 초기나 갈등 상황에서 자주 사용되는 전략이다. "우리 관계도 영원하지 않을 수 있어"라는 식으로 관계 자체의 지속 가능성에 의문을 제기하기도 한다. 결혼을 미루는 상대에게 "내 나이도 있는데 언제까지 기다릴 수는 없어"라고 말하는 것도 시간 제한을 활용한 압박이다. 생물학적 시계나 사회적 압박을 이유로 들어 급박함을 조성한다.

직장에서는 더욱 체계적으로 희소성이 활용된다. 승진 기회나 프로젝트 참여 기회를 제한적으로 제시해서 직원들 간의 경쟁을 유도한다. "승진 자리는 하나뿐이야", "이번 해외 출장 기회는 몇 명만 갈 수 있어"라며 경쟁 구도를 만든다. 회사에서 새로운 정책이나 혜택을 발표할 때도 "선착순", "조건에 맞는 직원 우선", "제한된 예산 내에서"라는 표현을 사용해서 서둘러 신청하도록 유도한다. 실제로는 모든 직원이 혜택을 받을 수 있음에도 불구하고 경쟁 심리를 자극하는 것이다.

가치가 없는 것도 희소성 원리를 업으면 탈바꿈한다.

가족 관계에서는 교육이나 진로와 관련해서 희소성이 자주 언급된다. "이런 기회는 학생 때만 가능해", "지금 안 하면 나중에 더 어려워져", "이 나이가 지나면 늦어"라며 시간적 압박을 가한다. 부모들은 자녀의 미래에 대한 불안감을 이용해서 지금 당장 행동하도록 압박한다. "다른 집 아이들은 벌써 시작했는데"라며 다른 가정과의 비교를 통해 경쟁 심리를 유발하기도 한다. 자녀는 뒤처질 수 있다는 불안감에 부모의 요구를 받아들이게 된다.

친구 관계에서는 정보나 기회의 희소성을 강조하는 경우가 많다. "이 정보는 아무나 알 수 있는 게 아니야", "이런 모임은 정말 특별한 사람들만 와", "이 기회는 네가 마지막이야"라며 특별함과 제한성을 동시에 강조한다. 투자나 사업 제안을 할 때도 "이런 기회는 1년에 한 번 나올까 말까 해", "먼저 아는 사람들만 참여할 수 있어"라며 정보의 독점성과 기회의 희소성을 부각시킨다. 듣는 사람은 특별한 정보를 얻었다는 기분과 놓치면 안 된다는 압박감을 동시에 느낀다.

가짜 희소성의 함정과 위험

문제는 많은 경우 희소성이 인위적으로 만들어진다는 것이다. 실제로는 충분한 시간과 기회가 있음에도 불구하고, 마치 지금 당장 결정하지 않으면 안 되는 것처럼 포장하는 경우가 많다. 온라인 쇼핑에서 "남은 시간 2시간", "재고 3개"라고 표시되지만, 새로고침하면 계속 같은 숫자가 나오는 경우를 경험해봤을 것이다. 이런 가짜 희소성은 단기적으로는 구매를 유도할 수 있지만, 발각되면 신뢰를 완전히 잃게 된다.

일상 관계에서도 비슷한 일이 벌어진다. 마지막 기회라고 했던 일이 계속 반복되거나, "이번이 정말 마지막"이라던 말이 여러 번 반복되면, 그 사람의 말에 대한 신뢰도가 떨어진다. 특히 연인이나 가족 관계에서 가짜 희소성을 남용하면 관계 자체가 손상될 수 있다. 회사에서도 희소성 전략을 남발하면 "또 그런 말이겠지"라며 직원들이 무시할 수 있다.

가짜 희소성의 또 다른 문제는 상대방의 선택 자유를 박탈한다는 점이다. 충분한 시간을 두고 신중하게 판단할 권리를 빼앗고, 성급한 결정을 강요한다. 이는 건강한 관계의 기본 원칙에 어긋난다. 희소성에 현명하게 대응하려면 다음과 같은 질문들을 스스로에게 해보는 것이 좋다. "정말 지금 당장 결정해야 할 이유가 있을까?" 진짜 급한 일과 인위적으로 만들어진 급함을 구별해야 한다. "이것의 실제 가치는 무엇일까?" 희소성에 현혹되지 말고 그 대상의 본질적 가치를 냉정하게 평가해야 한다.

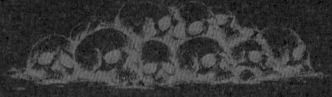

희소성 전략을 이용하는 사람의 말버릇

◆ **시간 제한을 강조한다**
　→ "오늘까지만 가능해"
　→ "지금 아니면 다시 기회가 없어"

◆ **수량 제한을 암시한다**
　→ "몇 개 안 남았어"
　→ "한정된 인원만 가능해"

◆ **경쟁 상황을 조성한다**
　→ "다른 사람들도 관심 보이고 있어"
　→ "먼저 결정하는 사람이 가져가는 거야"
　→ "다른 후보들이 많아"

◆ **독점성과 특별함을 강조한다**
　→ "이 정보는 아무나 모르는 거야"
　→ "너만 특별히 알려주는 거야"
　→ "선택받은 사람들만 참여할 수 있어"

희소성 전략 체크리스트

■ 구체적인 시간 제한을 설정해 긴박감 조성하기

■ 수량이나 인원을 명시해서 경쟁 심리 자극하기

■ 다른 사람들의 관심이나 경쟁 상황 자연스럽게 언급하기

■ 정보나 기회의 독점성과 특별함 부각시키기

■ '지금 아니면 안 된다'는 논리적 근거 제시하기

■ 손실 가능성을 구체적으로 설명해서 불안감 유발하기

■ 사회적 증거와 결합해서 희소성의 가치 입증하기

■ 선택받은 특별함을 느끼게 해서 자존감 자극하기

"감정의 실을 엮어
마음을 흔들어라"

3부

감정 조작의 기술

사소한 친절로 빚을 만들어주라

호의가 만들어내는 부채감

우리는 누군가로부터 도움이나 선물을 받으면 반드시 되갚아야 한다는 압박을 본능적으로 느낀다. 이런 압박감은 협력과 신뢰를 구축하는 데 중요한 역할을 하지만, 동시에 심리 조작의 교묘한 무기로 악용되기도 한다. 어떤 사람들은 아주 작은 호의로 시작해 상대방에게 보이지 않는 심리적 빚을 만든다. 커피 한 잔을 사주거나, 작은 도움을 주거나, 정보를 공유하거나, 칭찬을 해주는 것 같은 사소한 호의들이 그 시작이다. 그리고 그 빚을 상환하는 방식으로 점점 더 큰 요구를 받아들이게 만든다.

 사회심리학자 데니스 리건의 실험이 증거다. 실험 참가자들이 작업을 하고 있을 때, 한 사전 협력자가 잠깐 나가서 콜라를 사 와서 일부 참가자들에게만 나누어 주었다. 나중에 이 협력자가 모든 참가자들에게 복권 구매를 요청했더니, 콜라를 받은 참가자들이 받지 않은 참가자들보다 두 배 이상 더 많은 복권을 샀다. 더 놀라운 것은 콜라를 준 사람을 좋아하는지와 복권을 산 행동은 상관없다는 점이었다. 콜라를 준 사람을 별로 좋아하지 않는다고 답한 참가자들도 여전히 더 많은 복권을 샀다. 호의나 호감이 중요한 것이 아니라, **중요한 것은 빚이 생겼다는 심리적 사실 자체였다.**

 가장 교묘한 점은 피해자가 자신의 행동을 자발적인 선택이라고 믿는다는 것이다. "그 사람이 나에게 잘해줬으니까 나도 도와주는 게 당연하지"라고 생각하더라도 실은 심리적 의무감에 이끌린 예측 가능한 반응일 뿐이다. 나는 지금 누군가에게 진정한 감사를 느끼고 있는 걸까, 아니면 단순히 심리적 빚을 갚아야 한다는 압박감을 느끼고 있는 걸까?

원칙1 호의와 요구를 서서히 확대시켜라

호의의 함정은 단순히 '주고받기' 차원에서 끝나지 않는다. 심리학 연구들은 사람들이 작은 호의에 응한 후, 점점 더 큰 요구도 받아들이게 되는 경향을 반복적으로 보여주었다. 이를 사회심리학에서는 문전 걸치기 기법 foot-in-the-door technique 이라고 부른다.

첫 단계는 아주 작고 부담 없는 호의로 시작한다. 작은 정보를 알려주거나, 간단한 조언을 해주거나, 혹은 사소한 도움을 주는 것이다. 이 단계에서 상대방은 "이 사람은 아무런 대가 없이 도와주는 좋은 사람"이라고 인식하게 된다. 두 번째 단계에서는 약간 더 큰 호의를 제공하면서 작은 부탁을 덧붙인다. 예컨대 "이 정보 도움 됐지? 혹시 시간 될 때 설문지 하나 작성해줄 수 있어?"라는 식이다. 상대방은 이미 받은 호의와 비교했을 때 요구가 상대적으로 작다고 느끼기 때문에 쉽게 수락한다. 세 번째 단계가 되면 본격적인 요구가 시작된다. 하지만 이때는 이미 앞선 호의로 인해 심리적 빚이 쌓여 있고, 작은 부탁들을 들어주며 "나는 일관된 사람"이라는 자기 이미지를 강화해온 터라, 훨씬 큰 요구도 거절하기 어렵다.

상대가 빠져나올 수 없는
호의의 늪을 만들어라.

이 효과는 실제 실험에서도 입증되었다. 1966년 미국 스탠퍼드 대학의 사회심리학자 프리드먼과 프레이저는 가정주부들을 대상으로 연구를 진행했다. 처음에는 단순히 "안전운전을 합시다"라는 작은 스티커를 집 창문에 붙여달라는 부탁을 했다. 이후 며칠 뒤 "대형 표지판을 집 앞 마당에 세워달라"는 훨씬 큰 부탁을 했을 때, 단번에 큰 부탁만 한 경우보다 작은 부탁을 거쳐 제안했을 때 수락률이 두 배 이상 높았다.

핵심은 이렇다. 사람들은 작은 호의에 응한 순간 이미 '관계의 고리'를 만든 셈이고, 그 다음에는 점점 더 큰 요구에도 끌려 들어간다. 그래서 교묘한 조종자는 결코 처음부터 큰 요구를 하지 않는다. 언제나 작은 부탁, 작은 호의에서 출발한다.

원칙2 호의도 타이밍이다

호의를 베푸는 타이밍을 조작해 작은 호의라도 가치를 극대화시켜야 한다. 호의의 효과는 언제, 어떻게 제공하느냐에 따라 크게 달라진다. 상대방이 예상하지 못한 순간에, 정말 필요할 때 베풀어야만 가장 효과가 있다. 상대방이 어려운 상황에 있을 때 도움을 주면 그 호의의 가치는 배가 된다. **스트레스를 받고 있을 때, 실수를 했을 때, 외로워할 때, 도움이 간절할 때 사소한 호의를 베풀면 평상시보다 훨씬 깊은 인상을 남긴다.**

사실 이러한 타이밍의 힘은 뇌 과학적으로도 뒷받침된다. 사람은 불안하거나 취약한 순간에 받은 도움을 평소보다 훨씬 강렬하게 기억하는데, 이를 정서적 기억 강화 효과 emotional memory effect 라고 한다. 이 효과는 감정을 불러일으키는 사건이 그렇지 않은 사건보다 더 오래, 더 생생하게 기억된다는 현상을 말한다. 인간의 뇌는 생존과 관련된 중요한 사건(위협, 공포, 기쁨 등)을 우선적으로 처리하고 저장하도록 진화했다. 이 과정에서 핵심적인 역할을 하는 뇌 영역이 편도체다. 편도체는 감정 반응을 조절하는 기관으로, 감정적으로 중요한 정보를 해마에 전달해 장기 기억으로 굳히는 역할을 한다. 실제로 기능성 자기공명영상 연구에서는 사람들이 감정적인 이미지를 볼 때 편도체가 강하게 활성화되고, 이 이미지를 중립적인 이미지보다 훨씬 더 잘 기억하는 것으로 나타났다.

  호의를 베풀 때 "별 거 아니야", "당연한 거지"라고 말하면서 마치 대가를 바라지 않는 것처럼 보이게 만드는 것도 중요한 기법이다. 상대방이 부담을 느끼지 않게 하면서도 심리적 빚은 확실히 만들어두어야만 한다.

원칙3 호의를 상기시켜라

작은 호의를 차곡차곡 쌓고, 대상에게 상기시켜 의무감을 증폭시켜야 한다. **한 번에 큰 호의를 베푸는 것보다, 작은 호의를 여러 번 반복하라.** 더 강한 의무감을 심어줄 수 있다. 매일 커피를 사주거나, 자주 안부를 묻거나, 지속적으로 작은 도움을 주는 것이 그 예다.

  그리고 결정적인 순간, 부탁을 할 때는 과거의 호의를 상기시키는 전략을 쓴다. "지난번에 네 일 도와줬던 거 기억하지?", "그때 네 실수 내가 덮어줬잖아", "내가 너한테 그 중요한 정보 줬을 때…"와 같은 말들은 상대방으로 하여금 자신이 받은 혜택들을 다시 떠올리게 만든다. 이렇게 호의를 목록

화해 상기시키면, 받은 것이 생각보다 많다는 사실을 자각하게 되고, 그에 비례해 더 큰 의무감을 느낀다.

쉽게 볼 수 있는 호의 전략

연인 관계에서 호의의 함정은 매우 미묘하게 작동한다. 처음에는 깜짝 선물이나 데이트 비용을 부담하면서 "아무것도 바라지 않아, 그냥 네가 좋아서 하는 거야"라고 말한다. 그 다음에는 "내가 너한테 이렇게 잘해주는데, 너도 가끔은 내 친구들이랑 만나는 자리에 와줄 수 있지?"라며 작은 요구를 한다. 마지막에는 "우리 사귄 지 이렇게 오래됐는데, 내가 너한테 얼마나 많은 걸 해줬는데, 이제 좀 더 진지하게 미래를 생각해볼 때 아닌가?"라며 큰 결정을 요구한다. 받는 사람은 상대방의 호의에 대한 부채감 때문에 거절하기 어려워진다. 연인이 갑자기 비싼 선물을 주거나 특별한 이벤트를 준비했을 때는 특히 주의해야 한다. 그 뒤에 "우리 동거할까?", "부모님께 인사드릴까?" 같은 큰 결정을 요구해올지도 모른다.

직장에서는 호의의 함정이 더욱 체계적으로 활용된다. 상사가 부하직원에게 점심을 사주거나, 개인적인 고민을 들어주거나, 승진 기회에 대해 귀띔해주는 것들이 모두 호의의 축적이다. 그 후에 "야근 좀 부탁할게", "주말에 잠깐만 나와줄 수 있어?", "이번 프로젝트 네가 맡아줄 수 있겠지?"라는 요구가 따라온다. 가족 관계에서는 더욱 복잡하다. 부모가 자녀에게 "엄마(아빠)가 너한테 얼마나 많은 걸 해줬는데", "네가 어릴 때부터 지금까지 우리가 얼마나 투자했는데"라며 축적된 호의와 희생을 언급하면서 특정 행동이나 선택을 요구한다. 자녀는 부모의 희생에 대한 죄책감과 함께 받은 것을 갚아야만 한다는 압박을 동시에 느낀다.

친구 관계에서는 "내가 네가 힘들 때 도와줬잖아", "우리 사이에 이런 걸로 따질 거야?"라며 우정과 호혜성을 혼합해서 압박한다. 거절하면 마치 우정을 저버리는 것처럼 느끼게 만든다. "진짜 친구라면 이 정도는 해줄 수 있지 않아?"라는 식으로 친구 관계 자체를 담보로 잡는 경우도 있다. 비즈니스 관계에서도 호의의 함정은 일상적이다. 영업사원이 고객에게 무료 샘플을 주거나, 정보를 제공하거나, 작은 서비스를 해준 후에 계약을 요청하고는 한다. "이 정도로 도움을 드렸으니 한 번 고려해보시죠"라는 말, 낯설지만은 않을 것이다.

호의의 함정에서 벗어나는 전략

호의의 함정을 인식하는 것이 첫 번째 단계다. 누군가가 갑자기 호의를 베풀기 시작하거나, 호의를 베푼 후 요구가 따라온다면 그 의도를 의심해볼 필요가 있다. 특히 과도하게 친절하거나 갑작스러운 호의, 조건 없음을 강조하는 호의일수록 조심해야 한다.

두 번째는 호의와 요구를 분리해서 생각해야만 한다. "그 사람이 나에게 잘해줬으니까 이 부탁을 들어줘야 해"가 아니라 "이 부탁 자체가 합리적인가? 내게 도움이 되는가? 내가 정말 하고 싶은 일인가?"를 기준으로 판단해야 한다.

세 번째는 호의에 대한 감사는 표현하되, 그것이 무제한적인 의무를 만드는 것은 아니라는 점을 명확히 하는 것이다. "고마워, 하지만 이번 부탁은 어려울 것 같아"라고 분명하게 경계를 설정하는 것이 중요하다. 감사와 거절은 별개의 문제라는 것을 인식해야 한다.

평소에 진정한 호의와 조작된 호의를 구별하는 안목을 꾸준히 길러야 한다. 진정한 호의는 대가를 바라지 않고, 조건을 달지 않으며, 나중에 그것을 언급해서 압박하지 않는다.

반면 조작적 호의는 계산적이고, 나중에 반드시 언급되며, 점진적으로 요구가 확대된다.

호의의 함정을 이용하는 사람의 말버릇

◆ **조건 없는 호의임을 강조한다**
  → "별 거 아니야, 당연한 거지"
  → "그냥 네가 좋아서 하는 거야"

◆ **과거의 작은 친절을 상기시킨다**
  → "지난번 일, 기억하지?"
  → "그때 내가 네 편이었잖아"
  → "내가 너한테 얼마나 많은 걸 해줬는데"

◆ **호의와 요청을 자연스럽게 연결시킨다**
  → "내가 이렇게 도와주는데 그 정도는…"
  → "우리 사이에 이런 걸로 따질 거야?"

◆ **의무감을 조성한다**
  → "받기만 하는 게 어딨어"
  → "주고받는 게 인간관계 아냐?"

호의의 함정 전략 체크리스트

■ 상대방이 어려운 상황일 때 타이밍 맞춰 호의 베풀기

■ 작은 호의부터 시작해서 점진적으로 규모 확대하기

■ 호의를 베풀 때 조건 없음을 강조하기

■ 반복적인 작은 호의로 심리적 빚 누적시키기

■ 요청할 때 과거 호의들을 구체적으로 상기시키기

■ 호의와 부탁을 자연스럽게 연결해서 거절감 줄이기

■ 관계의 특별함을 강조해서 의무감 증폭시키기

■ 호의를 거절당했을 때 상처받는 모습 보여주기

공포로 움직임을 강요하라

공포 메시지로 행동을 유도하는 법

공포와 불안은 인간이 가장 강하게, 그리고 가장 즉각적으로 반응하는 감정이다. 진화적으로 우리 조상들은 위험 신호를 무시하면 생존 확률이 급격히 떨어졌다. 사자의 발소리를 들었을 때 "정말 사자일까?" 하고 망설이던 개체들은 살아남지 못했다. 일단 도망치고 나서 생각하는 개체들만이 유전자를 남겼다. 이 때문에 현대의 우리도 공포를 자극하는 메시지에는 다른 어떤 설득보다 빠르고 깊게 반응한다. 공포 호소 fear appeal 는 위험성을 부각시켜 사람들의 행동을 원하는 방향으로 이끄는 전략으로, 정치, 마케팅, 인간관계에서 광범위하게 사용되고 있다.

대표적인 예가 흡연 경고 문구나 교통 안전 캠페인이다. 담뱃갑의 "폐암으로 죽을 수 있다"는 경고, 음주운전이 가족을 파괴한다는 충격적 이미지는 모두 공포 호소의 전형이다. 그러나 연구에 따르면 **단순히 공포만 주어서는 행동 변화를 이끌기 어렵다.** 효과적인 공포 메시지는 '위협의 심각성'과 '개인이 얼마나 취약한가'를 인식시킨 뒤, 동시에 '행동하면 위험을 피할 수 있다'는 대안을 함께 제시해야 한다. 예컨대 "흡연이 폐암을 부른다"는 경고와 함께 "금연 프로그램에 참여하라"는 해법이 함께 제시될 때 비로소 사람들은 실제 행동을 바꾸기 시작한다.

이 원리는 정치 영역에서도 자주 활용된다. 미국의 트럼프 대통령은 "불법 이민자들이 범죄와 혼란을 가져온다"는 공포를 강조하면서, 동시에 "멕시코 국경 장벽 건설"이라는 단순한 해법을 내세웠다. 오늘날 유럽의 극우 포퓰리즘 정당들도 같은 전략을 반복한다. 난민과 이슬람을 위협으로 규정하고, 자국 우선주의 정책이나 국경 통제가 그 해법임을 내세운다. 공포와 해결책을 동시에 제시하는 이 공식은 시대와 국가를 초월해 반복적으로 쓰여 온 정치적 설득의 패턴이다.

더욱이 불확실성이 클수록 공포의 힘은 더 커진다. 명확한 정보가 없을 때 사람들은 최악의 시나리오를 떠올리고, 그 상상 속의 위험이 실제보다 훨씬 크게 다가온다. 다크 심리학은 바로 이 틈을 파고든다. 막연한 불안감을 조성해 놓고, 자신들만이 가진 '유일한 해결책'을 제시하는 것이다.

원칙1 공포의 타이밍과 맥락을 조절하라

공포는 언제, 어떤 상황에서 던지느냐에 따라 위력이 크게 달라진다. 연구에 따르면, 사람들은 평온할 때보다 **이미 불안하거나 불확실한 상태에 있을 때** 훨씬 더 강하게 공포 메시지에 반응한다. 다시 말해, 조종자는 상대방의 심리적 '약한 고리'를 노려 타이밍을 맞추면 효과를 극대화할 수 있다. 특히 인생의 전환기에는 공포가 강력하게 작동한다. 새 학기, 이직, 이사, 결혼, 출산 같은 시점에 사람들은 자연스럽게 불안과 긴장을 느낀다. 이때 던져지는 공포 메시지는 평소라면 흘려들었을 말조차 깊게 파고든다. "지금 준비하지 않으면 실패한다"는 경고가 훨씬 더 무겁게 다가오는 것이다.

이미 약해진 이를 흔드는 것이 빠르다.

실패 직후도 공포가 잘 먹히는 순간이다. 시험을 망쳤거나, 업무에서 큰 실수를 했거나, 중요한 관계에서 갈등이 생겼을 때 "이대로 가면 더 큰 문제가 온다"는 메시지는 실제 경험과 맞물려 절실하게 들린다. 심리학자들은 이를 '손실 회피 편향'이라고 부른다. 사람은 작은 이득보다 큰 손실을 막는 데 더 강하게 반응하기 때문이다.

또 하나의 강력한 맥락은 '정보의 공백'이다. 명확한 데이터가 없을 때 사람들은 최악의 시나리오를 상상한다. 과학적으로 입증되지 않은 불안이라도, 상상은 공포를 현실보다 크게 부풀린다. 조종자들은 이 틈을 파고든다. "다른 사람에겐 말 못 하지만 너만 특별히 알려주는 거야"라는 식으로 메시지를 포장하면, 신뢰도와 긴급성이 동시에 높아진다. 결국 공포는 무작정 퍼뜨리는 것보다, 언제, 어디서, 어떤 맥락에 던지는가에 따라 파괴력이 달라진다. 상대가 불안한 순간을 기다렸다가 치고 들어오는 것, 이것이 공포 조작의 가장 교묘한 전략이다.

원칙2 유일한 대안을 함께 내밀어라

공포가 진정한 조종력을 발휘하려면 단순히 위험만 경고하는 것으로는 부족하다. 심리학 연구에 따르면, 사람들은 두려움에 압도되면 방어적으로 반응하거나("그런 일은 나에게 일어나지 않아"), 아예 회피해버린다("너무 과장됐어"). 따라서 효과적인 공포 메시지는 반드시 해결책이나 안전지대를 함께 제시해야 한다. 행동경제학에서는 이를 '위협-대안 결합 효과'라고 부른다. 위협만 주어지면 불안으로 끝나지만, 동시에 "이렇게 하면 피할 수 있다"는 길을 내주면 사람들은 행동으로 옮긴다.

대안이 딱 하나 있다고 하라.

직장에서는 상사가 "요즘 경기가 어려워서 구조조정 얘기가 나오고 있어"라며 불안을 조성한 뒤, "하지만 네가 이 프로젝트를 성공시키면 자리는 안전해"라고 덧붙이는 경우가 그렇다. 단순한 공포라면 직원은 불안 속에 이직을 고려했을 것이다. 그러나 '안전지대'가 제시되자, 직원은 오히려 프로젝트에 매달리게 된다. 가족 관계에서도 똑같다. 부모가 자녀에게 "요즘 취업이 얼마나 힘든지 알지?"라고 공포를 심어준 다음, "그래도 이 학원에 다니면 경쟁력을 가질 수 있어"라고 해결책을 내민다. 자녀는 막연한 불안 대신 구체적 행동(학원 등록)으로 안정을 얻으려 한다.

이처럼 공포 메시지의 핵심은 단순히 겁을 주는 것이 아니라, 유일한 출구를 열어주는 것이다. "위험하다"는 말 뒤에 곧바로 "하지만 이 길만 따르면 안전하다"는 메시지가 붙는 순간, 사람은 스스로 대안을 선택했다고 착각하며 그 길로 걸어 들어간다.

원칙3 지나친 공포는 효과가 없다

공포가 강할수록 항상 효과적인 것은 아니다. 심리학에서는 이를 역U자 효과 curvilinear effect 라고 부른다. 적당한 수준의 공포는 주의를 집중시키고 행동을 바꾸게 하지만, 너무 낮으면 긴장감이 부족하고, 너무 높으면 사람들을 압도해 오히려 회피나 마비를 불러일으킨다.

이 원리는 동물 실험에서도 확인된다. 심리학자 로버트 여키스와 존 도슨은 쥐에게 미로를 통과하게 하면서 검은 통로로 갈 경우 전기 충격을 주는 실험을 했다. 전기 충격의 강도를 세 단계로 나누어 측정한 결과, 쥐는 중간 정도의 전기 충격을 받을 때 가장 빠르게 학습했다. 충격이 너무 약하면 동기가 부족해 학습 속도가 느렸고, 너무 강하면 공포와 혼란 때문에 오히려 수행 능력이 떨어졌다. 이 실험은 적당한 수준의 긴장이 업무나 학습의 효율을 가장 높인다는 사실을 보여준다.

지나친 공포는 체념과 포기로 이어진다.

이와 마찬가지로 인간에게도 낮은 강도의 공포는 단순한 경고 수준에 머문다. "조심하지 않으면 불편할 거야" 같은 메시지는 생활 습관을 조정하는 데는 유용하지만 큰 결정을 이끌어내기에는 부족하다. 반대로 지나치게 강한 공포, 예컨대 "이대로 가면 망한다" 같은 메시지는 단기적으로는 사람들을 움찔하게 만들지만, 시간이 지나면 "너무 과장됐다"라며 무시하거나 아예 포기해 버리게 한다.

1950~60년대 미국 정부는 핵전쟁의 공포를 활용해 시민들

을 통제하려 했다. 어린이들은 학교에서 엎드려 숨는 훈련을 받았고, 가정에는 핵 공격 시 대피 지침이 널리 배포되었다. 이 훈련은 단순히 위협을 알리는 데 그치지 않고, "우리가 할 수 있는 대비책이 있다"는 메시지를 함께 전달하려는 목적을 가지고 있었다. 그러나 시간이 지나면서 이 캠페인은 과도한 공포 자극의 전형적 사례로 비판을 받았다. 많은 사람들에게 "어차피 핵이 떨어지면 모두 죽는다"는 체념과 무력감을 불러왔다는 연구 결과가 보고되었다. 이는 공포 메시지가 적절한 수준을 넘어설 경우, 오히려 심리적 마비와 회피 반응을 초래한다는 중요한 교훈을 보여준다.

따라서 **너무 강한 압박감을 주는 공포보다는 균형 잡힌 공포가 더 효과가 있다**. 상대가 "두렵지만, 내가 할 수 있는 해결책이 있다"라는 희망을 느낄 때, 공포 메시지는 가장 강력한 행동 동기로 작동한다.

쉽게 볼 수 있는 공포 활용 패턴

가족 관계에서 공포는 주로 미래에 대한 불안을 통해 작동한다. "네가 지금 이렇게 하면 나중에 후회할 거야", "다른 아이들에 비해 뒤처지면 어떡해", "이 기회를 놓치면 돌이킬 수 없어"와 같은 메시지로 자녀의 행동을 유도한다. 특히 부모는 자녀의 미래에 대한 책임감을 가지고 있기 때문에, 이런 공포 메시지가 더욱 설득력 있게 전달된다. 자녀도 부모의 경험과 지혜를 신뢰하기 때문에 그 공포를 현실적인 위험으로 받아들이기 쉽다. "요즘 대학 입시가 얼마나 치열한지 알지? 지금 놀고 있을 때가 아니야"라며 학습에 대한 압박을 가하거나, "네 또래들은 벌써 다 준비하고 있는데 너만 뒤처지고 있어"라며 경쟁 불안을 자극한다.

직장에서는 경쟁과 평가에 대한 불안을 노리면 좋다. "다른 사람들은 다 야근하는데 너만 일찍 가면 어떻게 보일까", "이번 평가가 승진에 결정적일 텐데", "실수하면 팀 전체에 영향을 미칠 거야"와 같은 메시지로 과도한 업무나 불합리한 요구를 정당화한다. 상사들은 특히 고용 불안을 활용한다. "요즘 경기가 어려워서 구조조정 이야기가 나오고 있어", "회사에서 비용 절감을 위해 인력 감축을 검토 중이야"라며 직원들의 생존 불안을 자극한 후, 특정 업무나 프로젝트를 떠안게 만든다. 비즈니스 관계에서는 경쟁 도태나 손실에 대한 공포가 주로 사용된다. "다른 회사들은 벌써 이런 시스템을 도입했는데", "시장 변화를 따라가지 못하면 뒤처질 거예요"라며 급박함을 조성한다.

연인 관계에서는 관계의 불안정성이 가장 강력한 공포 요소다. "요즘 우리 사이가 예전 같지 않은 것 같아", "이런 식으로 계속되면 관계를 다시 생각해봐야 할 것 같아", "다른 커플들은 이런 것도 해주는데"와 같은 암시로 상대방의 불안을 자극한다. 특히 이별 암시는 가장 직접적인 공포 자극이다. "우리 잠깐 거리를 둬야 할 것 같아", "이대로 가면 헤어지는 게 나을 수도 있어"라며 관계 종료 가능성을 제시한 후, 상대방이 관계를 지키기 위해 더 많은 양보와 희생을 하도록 유도한다.

친구 관계에서는 소외와 배제에 대한 공포가 활용된다. "요즘 모임에서 네 얘기가 나오던데", "다들 너에 대해 어떻게 생각하는지 걱정돼", "이런 식으로 행동하면 사람들이 멀어질 거야"와 같은 메시지로 사회적 압박을 가한다. 단톡방에서 제외되거나, 모임에 초대받지 못하거나, 뒷담화의 대상이 될 수 있다는 불안을 자극해서 자신의 요구에 순응하게 만든다. "네가 이렇게 계속하면 친구들 사이에서 소문날 거야"라며 평판에 대한 공포를 조성하기도 한다.

공포 조작의 부작용과 한계

공포 자극은 강력한 만큼 부작용도 크다. 과도하거나 근거 없는 공포는 여러 가지 역효과를 낳으므로, 주의해서 사용해야 한다. 먼저 신뢰가 떨어질 수 있다. 공포를 조장했던 일이 실제로는 별일 아니었다는 것이 드러나면, 신뢰도에 금이 간다. "늑대가 나타났다"를 반복하는 양치기 소년처럼, 한 번 거짓 공포로 드러나면 진짜 위험 상황에서도 무시당한다. 연인이 "이대로 가면 헤어질 거야"라는 말을 자주 했는데 실제로는 헤어지지 않으면, 나중에 정말 심각한 갈등 상황에서도 그 말이 진지하게 받아들여지지 않는다. 부모도 "그렇게 하면 큰일난다"고 반복적으로 말했는데 실제로는 별문제가 없었다면, 자녀는 부모의 경고를 무시하게 된다.

둘째, 스트레스와 불안 장애를 유발할 수 있다. 지속적인 공포 자극은 상대방의 정신 건강을 해칠 수 있다. 특히 가족이나 연인 관계에서 반복적으로 사용되면 관계 자체가 스트레스의 원인이 된다. 상대방은 항상 긴장 상태에 있게 되고, 불안 장애나 우울증으로 이어질 수 있다.

셋째, 의존성을 만들어낸다. 계속해서 위험을 강조하고 안전지대를 제공하면, 상대방은 스스로 판단하고 해결하는 능력을 잃게 된다. 항상 누군가의 보호와 지시가 없으면 불안해하는 의존적 관계가 형성된다.

넷째, 면역 효과가 생긴다. 같은 수준의 공포에 반복적으로 노출되면 점점 둔감해진다. 더 강한 자극을 주어야 같은 효과를 낼 수 있게 되어, 결국 공포의 강도가 계속 상승하는 악순환에 빠진다.

만약에 내가 공포 기반의 메시지를 받았다면 시간을 두고 객관적으로 분석해야 한다. "이 위험이 정말 현실적인가?", "다른 해결책은 정말 없을까?", "이 사람이 이런 메시지를 보내는 진짜 이유는 무엇일까?"를 스스로에게 물어봐야 한다.

공포 메시지를 이용하는 사람의 말버릇

◆ **위험을 과장한다**
  → "네가 이렇게 계속하면 큰일 날 거야"
  → "다른 사람들은 괜찮을지 몰라도 너는 위험해"
  → "이런 식으로 가면 모든 걸 잃게 될 거야"

◆ **시간적 압박과 긴급성을 강조해 불안을 자극한다**
  → "지금 당장 결정하지 않으면 늦어"

◆ **막연한 불안을 조성한다**
  → "요즘 세상이 얼마나 위험한지 알지?"
  → "이런 일이 언제 닥칠지 몰라"

◆ **해결 방법이 하나뿐임을 강조한다**
  → "이 방법만이 유일한 답이야"
  → "나 말고는 너를 도와줄 사람이 없어"

공포 메시지 전략 체크리스트

■ 상대방이 불안해하는 시점을 노려서 접근하기

■ 구체적이고 개인적인 위험 메시지 만들어 전달하기

■ 위험과 함께 명확하고 간단한 해결책 제시하기

■ 사적이고 은밀한 공간에서 진지한 톤으로 전달하기

■ 과거 사례나 주변 상황을 증거로 활용하기

■ 공포 강도를 상황에 맞게 적절히 조절하기

■ 관계별 특화된 공포 요소 파악해서 활용하기

■ 시간 압박과 결합해서 즉각적 행동 유도하기

화를 돋우면 무뎌진다

분노와 이성의 마비

인간은 누구나 화가 날 때 바보가 된다. 분노하는 순간 우리의 뇌는 전혀 다른 모드로 전환된다. 이성과 판단을 담당하는 전두엽은 기능을 상실하고, 원시적 본능을 관장하는 변연계가 몸을 점령한다. 냉정한 계산과 장기적 사고는 사라지고, 오직 즉각적인 반응과 충동적인 행동만 남는다. 예를 들어 나폴레옹은 러시아 원정에서 자신의 화를 이기지 못했고, 모든 것을 그르치고 말았다. 그는 모스크바를 점령하면 러시아의 알렉산드르 1세가 나서서 회담을 제의할 것으로 믿었다. 그러나 러시아는 모스크바를 내주어도 상관없는 전략을 미리 수립해두었고, 알렉산드르 1세가 계속해서 나폴레옹과의 회담을 외면하자 극심한 분노에 빠졌다. 나폴레옹의 보좌관의 회고록에 따르면 그는 결국 이성이 흐려져 다가오는 겨울을 준비하지 않고 무의미한 시간을 보냈다. 결국 러시아 원정 전까지 뛰어난 군사적 업적을 쌓았던 나폴레옹도 분노의 포로가 되어 러시아에서 대참패를 당하고 만다.

분노는 저절로만 생겨나지 않는다. 누군가가 의도적으로 심어놓은 씨앗이 자라난 결과일 수도 있다. 상대의 자존심을 건드리고, 불공정함을 부각시키며, 위협을 가하면서 말이다. 분노는 조종당하는 사람에게는 자연스러운 감정이지만, 조종하는 사람에게는 계산된 무기다.

분노 상태의 사람은 예측 가능하다. 논리적 반박 대신 감정적 공격을 택하고, 장기적 이익보다 즉각적 보복에 집중한다. 심지어 자신에게 불리한 결정도 감정이 이끄는 대로 내린다. 협상 테이블에서 상대를 화나게 만들면, 그 사람은 자신의 진짜 목적을 잊고 단지 이기고 싶은 욕망에만 사로잡힌다. 분노 상태의 뇌과학 연구에 따르면, 분노할 때 전두엽 활동이 급격히 감소하고 변연계가 활성화된다. 이는 즉각적인 위험에 대응하기 위한 진화적 적응이지만, 현대 사회에서는 오히려 취약점이 된다. 조종자들은 바로 이 점을 노려 상대방의 이성적 판단을 마비시키고 자신이 원하는 방향으로 유도한다.

화가 난 사람은 나중에 후회할 선택을 한다.

실제로 스탠퍼드 대학교의 신경과학자 에이드리언 레인과 동료들은 분노 상태에서 사람들의 의사결정을 측정하는 실험을 진행했다. 참가자들에게 일부러 도발적인 언행을 퍼부은 뒤 경제 게임을 하게 했는데, 화가 난 참가자들은 장기적으로 이득이 되는 협력적 선택 대신 당장의 보복적 선택을 택하는 경향이 뚜렷했다. 이 연구는 분노가 단순한 감정 폭발이 아니라, 실제로 우리의 합리적 사고와 전략적 판단을 약화시킨다는 사실을 보여주었다.

원칙1 불공평하다고 믿게 하라

인간은 공정성에 대한 강한 욕구를 가지고 있다. 불공정한 대우를 받는다고 느끼면 자동으로 분노가 생긴다. 조종자는 이를 악용해서 실제로는 공정한 상황도 불공정하게 포장한다. "쟤는 아무것도 안 했는데 인정받고 있어", "너만 손해 보는 상황이야", "다들 너를 이용만 하고 있는 것 같아"와 같은 말로 피해 의식을 심어준다. 상대방은 자신이 부당한 대우를 받고 있다고 믿게 되고, 그 불공정함에 대한 분노가 생긴다.

직장에서는 동료들 간의 대우 차이를 부각시킨다. "같은 일을 해도 저 사람만 항상 좋은 평가를 받네", "너는 야근을 해도 인정받지 못하는 것 같아"라며 불공정한 평가 시스템에 대한 분노를 유발한다. 그러면 직원은 회사나 상사에 대한 불만보다는 특정 동료에 대한 적대감을 키우게 된다. 가족 내에서도 형제간 차별 대우를 강조해서 분노를 유발한다. "엄마는 항상 네 형(동생)만 편애해", "너만 항상 참고 양보하라고 하네"라며 불공정한 가족 내 역학에 대한 분노를 자극한다.

심리학과 행동경제학에서도 이러한 반응은 여러 차례 확인되었다. 대표적인 예가 궁극적 게임 ultimatum game 이다. 한 참가자가 돈을 나누는 제안을 하면, 다른 참가자는 그것을 받아들이거나 거부할 수 있다. 제안이 극도로 불공평할 경우(예를 들어 9:1 분배), 사람들은 자신이 손해를 보더라도 거래를 거부하는 경향을 보인다. **불공정에 대한 분노가 이성을 마비시켜, 이익을 내던지는 선택을 하는 것이다.** 이처럼 사람들은 실제 피해보다 '불공정하다는 인식'에 더 강하게 반응한다. 따라서 다크 심리학에서는 상대의 처지를 객관적 사실이 아닌 '비교와 상대적 손해'의 프레임으로 포장하여 불만과 분노를 키운다.

원칙2 맞춤식 분노 포인트를 탐색하라

사람마다 분노의 방아쇠는 다르다. 어떤 사람은 능력을 의심받을 때, 어떤 사람은 외모나 배경을 건드릴 때, 또 다른 사람은 가족이나 신념을 비하당할 때 가장 크게 분노한다. 어떤 이는 '존중받지 못한다'는 느낌에 민감하게 반응하고, 어떤 이는 '공정하지 않다'는 상황에서 격렬히 화를 낸다. 또 다른 사람은 '자율성'이 침해당할 때, 이를테면 자기 선택을 무시당하거나 통제당할 때 쉽게 분노한다. 이처럼 분노의 촉발점은 개인의 성격, 성장 과정, 가치관에 따라 달라진다. 조종자는 이런 차이를 세밀하게 관찰하고 정확히 파악해내야 한다.

분노는 폭풍처럼 요란하지만,
아무도 이길 수 없다.

 만약 개인별로 맞춤식 분노 포인트를 찾기 어렵다면, 그 사람과의 인간관계, 사회적 위치 등을 고려한 일반적인 분노 포인트를 적용해 건드려 보면 좋다. 직장에서는 전문성과 능력에 대한 공격이 주로 사용된다. "너 정도 실력으로는 이 일 못할 것 같은데?", "다른 사람들은 다 할 수 있던데, 왜 너만 못해?", "원래 이런 거에 약하잖아"와 같은 말들로 상대의 자존심을 건드린다. 듣는 사람은 능력을 증명하려는 욕구에 사로잡혀 무리한 일도 떠안게 된다.

 가정에서는 형제 간 비교가 분노의 방아쇠가 된다. "네 동생은 시험에서 잘하는데 너는 왜 그러니?", "언니는 부모님 말씀 잘 듣는데 너는 항상 문제야"라는 말은 쉽게 열등감과 분노를 자극한다. 연인 관계에서는 무시나 냉대가 강력한 분노 포인트가 된다. 대화 중에 휴대폰만 보거나, 중요한 문제를 가볍게 치부하는 태도는 '존중받지 못했다'는 감정을 폭발시킨다. 사회적 맥락에서는 불공정한 대우나 차별이 분노를 촉발한다. 줄을 오래 섰는데 새치기를 당했을 때, 똑같이 일했는데 임금 차별을 당했을 때 사람들은 극도로 격앙된다.

원칙3 분노의 방향을 분명히 설계하라

분노는 폭탄과 같다. 터뜨리는 것 자체는 어렵지 않다. 하지만 원하는 지점에서 정확히 터뜨리려면 정밀한 설계가 필요하다. 성공적인 분노 조작의 핵심은 명확한 타겟 설정과 구체적인 행동 지침이다. 분노의 방향 설계에는 세 단계가 있다. 먼저 분노가 향할 표적을 명확히 지정한다. 막연한 불만은 에너지를 분산시키지만, 구체적인 대상이 있으면 분노는 집중된다. "문제의 원인은 바로 저 사람이야", "저 팀 때문에 우리가 피해를 보는 거야", "결국 다 윗사람들 잘못이지"라며 명확한 적을 설정한다.

분노라는 강렬한 에너지를
입맛에 맞게 활용하라.

다음으로 그 분노를 정당화할 논리를 제공한다. "저 사람이 계속 방해하고 있어", "우리가 가만히 있으면 계속 당할 거야"라며 분노가 합리적이고 필요한 감정이라고 믿게 만든다. 마지막으로 구체적인 행동을 제시한다. "지금 당장 따져야 해", "우리가 먼저 행동해야 해"라며 분노 에너지를 특정 행동으로 연결시킨다. 이때 상대는 자신이 조종당하고 있다는 사실조차 인식하지 못한 채, 분노 에너지를 내가 의도한 대상과 행동에 쏟아붓게 된다.

쉽게 볼 수 있는 분노 조작

직장에서 분노 조작은 팀 관리와 경쟁 구도 조성에 주로 사용된다. 상사가 팀원들에게 "다른 팀은 야근수당도 안 받으면서 열심히 하는데, 우리만 불평하고 있다"며 분노를 다른 팀으로 돌린다. 그러면 팀원들은 회사 시스템에 대한 불만 대신, 특정 팀에 대한 적대감을 키운다. 회의에서도 의도적으로 특정 직원의 아이디어를 폄하해서 그 사람을 화나게 만든 후, "감정적으로 반응하지 말고 논리적으로 생각해봐"라며 오히려 그 사람을 비전문적으로 보이게 만든다. 분노한 사람은 더 이상 냉정한 반박을 할 수 없고, 감정적인 반응만 보이게 되어 신뢰도가 떨어진다. 동료 간에는 업무 성과나 평가를 둘러싼 경쟁 심리를 자극한다. "네가 이렇게 열심히 해도 저 사람만 인정받는 것 같아", "공정한 평가가 이루어지지 않는 것 같은데"라며 불공정함에 대한 분노를 유발한 후, 특정 동료에 대한 적대감으로 전환시킨다.

연인 관계에서는 질투와 경쟁 심리를 통해 분노를 조작한다. "네 친구들이 너를 이용만 한다"라며 분노를 친구들에게 집중시켜, 상대방을 고립시키고 자신에게 의존하게 만든다. 또는 "왜 답장 늦게 했어, 딴 사람 만나느라 그런 거야?"라는 식의 의심은 상대를 억울하고 분노하게 만든다. 그러나 그 분노는 오히려 더 많은 해명과 애정으로 변환시킬 수 있다.

분노 조작의 위험성과 역효과

분노 조작은 즉각적으로는 효과적이지만 장기적으로는 심각한 부작용을 초래한다. 지속적으로 분노를 자극받은 사람은, 나에게 화가 나 있지 않고 다른 방향으로 분노를 쏟고 있다고 해도 건설적으로 소통하기 어렵다. 또 분노한 사람은 통제 불가능한 상황을 일으킬 수도 있다. 분노는 예측하기 어려운 감정이다. 의도했던 것보다 훨씬 강하게 반응할 수도 있고, 폭력을 휘두를 수도 있다. 분노를 심어준 사람조차 결과를 통제할 수 없게 된다. 역공격의 위험도 있다. 분노한 사람은 보복을 시도할 수 있다. 특히 자신이 조종당했다는 것을 깨닫게 되면, 그 분노는 조종자에게 향할 수 있다. 한 번 적이 되면 관계 회복이 매우 어렵다.

만약 내가 분노 조작을 당하고 있다고 느낄 때는 즉각적인 반응을 피하고 시간을 두는 것이 중요하다. "왜 이 사람이 나를 화나게 만들려고 하는가?", "내가 화를 내면 누가 이익을 보는가?", "이 분노가 정말 합리적인가?"를 스스로에게 물어봐야 한다.

분노 유도를 이용하는 사람의 말버릇

◆ **자존심을 의도적으로 건드린다**
  → "너 정도 실력으로는 이 일 못할 것 같은데?"
  → "다른 사람들은 다 할 수 있던데, 왜 너만 못해?"

◆ **불공정함을 드러낸다**
  → "쟤는 아무것도 안 했는데 인정받고 있어"
  → "또 너만 손해 보는 상황이야"

◆ **즉각적인 행동을 요구한다**
  → "가만히 있으면 계속 당할 거야"

◆ **분노의 표적을 지적한다**
  → "문제의 원인은 바로 저 사람이야"
  → "저 팀 때문에 우리가 피해를 보는 거야"

분노 유도 전략 체크리스트

■ 상대의 자존심이 가장 민감한 지점 파악하기

■ 불공정한 상황을 구체적인 사례로 제시하기

■ 분노 에너지가 향할 명확한 타깃 설정하기

■ 감정이 행동으로 전환될 구체적 방법 제시하기

■ 상대의 정체성과 연결된 약점 공략하기

■ 비교와 경쟁 상황을 활용해서 열등감 자극하기

■ 분노 유발 후 냉정한 모습으로 우위 점하기

■ 분노한 상대의 감정적 반응을 약점으로 활용하기

죄책감으로 마음을 무겁게 만들어라

죄책감과 행동의 동기

인간은 누구나 타인에게 해를 끼쳤다는 생각에 무너진다. 그 순간 자기 정당성은 사라지고, 상대방의 요구 앞에서 무력해진다. 우리는 죄책감이라는 감정을 통해 사회적 규범을 학습하지만, 동시에 이 감정이 우리를 가장 취약하게 만드는 약점이 된다는 사실을 간과한다. 죄책감은 단순한 감정이 아니라 행동을 통제하는 강력한 도구다. 죄책감 유발 guilt Induction 은 자기 비난과 사회적 의무감이 결합된 복합 감정을 조작하는 기법이다. 죄책감 때문에 도덕적 행동이 강화되기도 하지만,

부당한 요구를 수용하게 되기도 한다.

연구에 따르면 죄책감을 느끼는 사람은 평소보다 타인의 부탁을 들어줄 가능성이 높았다. 1967년 연구자 프리드먼은 참가자들이 죄책감을 느낄 때 타인의 부탁을 얼마나 잘 들어주는지 확인하기 위해 속임수를 이용한 실험을 설계했다. 먼저 한 조교가 참가자들에게 "컴퓨터가 고장 났으니 잠시 기다려 달라"라고 말하며 그 자리를 피했다. 이때 다른 조교가 나타나 참가자들에게 "컴퓨터를 망가뜨렸냐" 하고 따지며 죄책감을 유발했다. 하지만 사실 컴퓨터는 멀쩡했다. 이처럼 죄책감을 느낀 참가자들과 그렇지 않은 참가자들을 나눠, 무관한 자선 단체에 기부해달라는 부탁을 했다. 그 결과, 억울하게 죄책감을 느낀 참가자들이 자신의 불편한 감정을 해소하기 위해 기꺼이 부탁을 들어주려는 경향을 보였다. 이처럼 죄책감은 단순히 불쾌한 감정으로 끝나는 것이 아니라, 다른 사람의 부탁을 수용하게 만드는 강력한 힘을 발휘하는 것으로 나타났다.

직장에서 동료가 "너만 일찍 가면 나머지 사람들이 다 피해를 봐"라고 말할 때를 생각해보자. 이는 개인의 정당한 권리를 집단의 이익과 대립시켜 죄책감을 유발하는 전형적인 사례다. 표면적으로는 팀워크를 강조하는 것처럼 보이지만, 실제로는 개인의 희생을 당연하게 만드는 조종 기법이다.

명령하면 반발하지만, 죄책감을 느끼면 자발적으로 순응한다. 상사가 "야근하라" 하고 직접 명령하면 직원은 거부감을 느끼지만, "네가 안 하면 팀 전체가 곤란해져"라고 말하면 직원은 스스로 야근을 선택한다고 느낀다. "집안일 좀 해"라고 시키는 것보다 "엄마가 혼자 이 모든 걸 다 하고 있어"라고 설명하면 효과적이다.

그런데 진짜 위험은 따로 있다. 한번 심어진 죄책감은 조종자가 없어도 스스로를 통제하게 만든다. 외부 압력이 아닌 내부에서 작동하는 자기 검열 시스템이 되어, 대상자는 조종자의 기대에 맞추려 끊임없이 자신을 감시한다. 이는 직접적인 명령이나 협박보다 훨씬 교묘하고 지속적인 효과를 낸다.

원칙1 과거의 도움을 죄책감으로 전환하라

죄책감 조종은 단순히 상대방을 미안하게 만드는 것으로 끝나지 않는다. 더 정교한 심리 조작 기술들이 체계적으로 사용된다. 조종자는 과거에 베풀었던 도움이나 희생을 지속적으로 상기시켜 현재의 요구를 정당화한다. "내가 너를 위해 얼마나 희생했는데", "그때 네가 힘들 때 내가 도와준 걸 기억해"라는 말들로 과거의 선행을 현재의 채무로 만든다.

죄책감은 과거의 호의에 붙은 이자다.
챙기지 못하면 바보다.

가족 관계에서는 이런 패턴이 특히 강력하다. 부모가 자녀에게 "네가 어릴 때부터 지금까지 우리가 얼마나 투자했는데", "우리가 너 때문에 얼마나 고생했는지 알아?"라며 양육의 희생을 들먹인다. 자녀는 부모의 희생에 대한 죄책감으로 자신의 의사와 상관없이 부모의 기대에 맞추려 한다. 연인 관계에서도 마찬가지다. "내가 너를 위해 얼마나 많은 걸 포기했는데", "우리 관계를 위해 내가 희생한 게 얼마나 많은지 알아?"라며 과거의 투자를 현재의 통제 수단으로 활용한다. 상대방은 그 희생에 보답해야 한다는 의무감에 사로잡힌다. 직장에서는 "내가 너를 믿고 이 일을 맡겼는데", "네가 신입일 때 내가 얼마나 챙겨줬는지 기억해"라며 과거의 도움을 현재의 압박 도구로 사용한다. 후배나 부하직원은 선배나 상사의 과거 도움에 대한 빚이라고 느끼며 무리한 요구도 수용하게 된다.

원칙2 관계를 인질로 잡아라

"진짜 친구라면 이 정도는 해줄 수 있잖아", "가족이니까 당연히 해줄 수 있지", "네가 날 정말 사랑한다면"과 같은 표현으로 관계 자체를 조건부로 만든다. 상대방은 관계에서 당연히 해주어야 하는 행동을 하지 않았다는 죄책감을 자극받아 의사와 관계없이 요구를 들어주게 된다. 이 과정에서 거부당한 요구의 크기는 점점 커지고, 관계의 균형은 한쪽으로 기울어진다. 사랑이라는 이름으로 포장된 통제가 시작되는 순간이다.

친구 관계에서는 "진짜 친구라면 이해해줄 거야", "우리 사이에 이런 것도 못 해줘?"라며 우정을 담보로 요구를 관철시킨다. 거절하면 마치 우정에 금이 간다는 암시를 준다. 만약 친구 관계가 이것 때문에 잘못되어 간다면, 상대방의 책임이 되므로 상대방은 행동을 할지 말지 고민하는 것 자체로도 죄책감을 느낄 수 있다. 연인 사이에서는 더욱 직접적이다. "내가 이런 부탁도 못 하는 사이라니 실망이야", "다른 커플들은 이런 것도 해주는데"라며 관계의 깊이나 사랑의 정도를 의심하게 만든다.

원칙3 소속감을 자극해 속여라

"다른 사람들은 다 하는데 너만 안 해", "네가 안 하면 우리 모두 힘들어져", "팀워크를 생각해서라도"와 같은 말로 개인의 선택을 집단의 이익과 대립시킨다. 이때 다크 심리학 사용자는 자신의 **개인적 요구를 마치 집단 전체의 이익인 것처럼 포장한다.** 실제로는 자신만 편해지거나 이익을 보는 상황임에도 불구하고, 전체를 위한 희생이라는 프레임을 씌운다. 여기에 걸려든 대상은 자신이 이기적이라는 죄책감에 시달리며 결국 요구를 수용한다.

직장에서는 "다른 팀원들도 다 야근하는데 너만 빠질 수는 없지", "회사가 어려운 시기에 개인적인 사정을 내세울 수는 없어"라며 조직 전체의 어려움을 개인의 책임으로 돌린다. 실제로는 인력 부족이나 비효율적 업무 분배가 문제임에도,

개인의 헌신 부족으로 프레이밍한다. 가족에서는 "네가 이렇게 하면 우리 가족이 어떻게 보이겠어", "가족의 체면을 생각해서라도"라며 개인의 선택을 가족 전체의 명예와 연결시킨다. 자녀는 자신의 행동이 가족에게 피해를 준다는 죄책감으로 자유로운 선택을 포기하게 된다.

쉽게 볼 수 있는 죄책감 조작

연인 관계에서 죄책감 유발은 매우 미묘하고 지속적으로 작동한다. "요즘 너 때문에 많이 외로워", "내가 이렇게 힘든 걸 모르고 있었구나", "다른 사람들은 연인을 위해 이런 것도 하던데"와 같은 표현이 제격이다. 특히 이별 위기나 갈등 상황에서도 죄책감을 강력한 무기로 써먹을 수 있다. "내가 이 관계를 위해 포기한 게 얼마나 많은지 알아?", "네가 이렇게 나올 줄 몰랐어, 정말 실망이야"라며 상대방이 관계를 망치는 가해자라는 프레임을 만든다. 상대방은 관계 회복을 위해 더 큰 양보를 하게 될 수밖에 없다.

데이트 비용이나 시간 투자에서도 죄책감이 활용된다. "내가 너한테 이렇게 많이 써주는데", "내 시간을 이렇게 많이 투자하고 있는데"라며 자신의 투자를 상대방의 빚으로 만든다. 받는 사람은 그에 상응하는 보답을 해야 한다는 압박을 느낀다. 이것은 사소한 친절을 베풂에 빚으로 만드는 요령과도 원리상 통한다.

미안하다는 말의 대가가 가장 비싸다.

직장에서는 업무 분배나 책임 전가에 죄책감이 자주 사용된다. "다른 사람들은 다 맡은 일 외에도 추가로 하는데", "팀을 위해서 조금만 더 노력해줄 수 있어?"라며 개인의 희생을 팀워크나 헌신으로 포장한다. 상사는 "내가 너를 믿고 이 중요한 일을 맡기는 거야", "네가 안 하면 다른 사람이 피해를 봐"라며 책임감과 죄책감을 동시에 자극한다. 직원은 거절하면 동료들에게 피해를 준다는 생각에 무리한 업무도 떠안게 된다.

가족 관계에서는 죄책감이 가장 강력하고 지속적으로 작동한다. "네가 이렇게 하면 엄마가 얼마나 속상한지 알아?", "우리가 너를 위해 얼마나 많은 걸 희생했는데"라며 가족의 희생과 사랑을 빚으로 만든다. 부모는 자녀의 독립이나 반항에 대해 "네가 이렇게 나오니까 아프다", "부모 마음도 모르고"라며 죄책감을 유발한다. 자녀는 부모를 아프게 한다는 죄책감으로 자신의 의사를 포기하고 부모의 기대에 맞추려 한다. 형제간에도 유효하다. "네가 이렇게 하면 동생(형)이 얼마나 속상하겠어", "가족끼리 이런 걸로 싸우면 안 되지"라며 가족 화합을 명분으로 개인의 권리를 포기하게 한다.

친구 관계에서는 우정과 의리를 빌미로 한 죄책감이 작동한다. "네가 이렇게 나올 줄 몰랐어", "우리 사이에 이런 것도 못 해줘?", "진짜 친구라면 이해해줄 텐데"라며 우정을 의심하게 만든다. 특히 금전적 도움이나 시간적 희생을 요구할 때 과거의 우정을 들먹인다. "내가 너 힘들 때 도와줬잖아", "우리가 얼마나 오래된 친구인데"라며 과거의 관계를 현재의 빚으로 만든다.

죄책감 조작의 위험성과 역효과

죄책감 조작은 단기적으로는 순응을 이끌어내지만 장기적으로는 관계에서 어려움을 겪을 수 있다. 지속적인 죄책감에 노출된 사람은 자신의 진짜 의사가 무엇인지 혼란스러워한다. 항상 다른 사람의 기대에 맞춰 행동하다 보니, 자신이 정말 원하는 것이 무엇인지 알 수 없게 된다. 또 죄책감을 지속적으로 조작하면 관계의 불균형을 고착화한다. 죄책감 기반의 관계는 일방적인 희생을 당연하게 여긴다. 한쪽은 계속 주고, 다른 쪽은 계속 받는 구조가 정상이라고 인식된다. 이런 관계에서는 상호 존중이나 평등한 교류가 불가능하다.

정신 건강을 해칠 수도 있다. 지속적인 죄책감은 우울감과 자존감 저하를 초래한다. 자신이 항상 부족하고 이기적이라는 자책에 시달리게 되어, 정상적인 자기 옹호나 주장조차 죄악시하게 된다. 진정한 도덕성을 왜곡하는 측면도 있다. 죄책감에 기반한 행동은 진정한 배려나 사랑이 아니다. 두려움과 의무감에서 나온 행동은 겉으로는 선해 보이지만, 내면에는 억압된 분노와 원망이 축적된다. 죄책감 기반의 요구를 받았을 때는 그 요구의 진짜 목적이 무엇인지 냉정하게 분석해야 한다. "이 사람이 정말 나를 배려해서 하는 말인가, 아니면 자신의 이익을 위해 나를 조종하려는 것인가?"를 구별해야 한다.

죄책감 유발을 이용하는 사람의 말버릇

◆ **과거 희생을 강조한다**
  → "내가 너를 위해 얼마나 희생했는데"
  → "힘들어했을 때 내가 도와준 걸 기억하지?"

◆ **조건부 관계를 암시한다**
  → "진짜 친구라면 이 정도는 해줄 수 있잖아"
  → "가족이니까 당연히 해줄 수 있지?"
  → "네가 날 정말 사랑한다면 이해해줄 거야"

◆ **집단 압력을 활용한다**
  → "다른 사람들은 다 하는데 너만 안 해"
  → "네가 안 하면 우리 모두 힘들어져"
  → "팀워크를 생각해서라도 해줘야지"

◆ **피해자 역할을 하려 한다**
  → "너 때문에 내가 이렇게 힘들어"
  → "네가 이렇게 나올 줄 몰랐어, 실망이야"

죄책감 유발 전략 체크리스트

■ 직접적인 요구보다 상황 설명으로 감정적 분위기 조성하기

■ 과거의 도움이나 희생을 현재의 요구와 연결시키기

■ 상대방이 먼저 사과하거나 양보할 때까지 인내심 유지하기

■ 관계의 특별함을 강조해서 도덕적 의무감 증폭시키기

■ 피해자 역할을 통해 상대방을 가해자로 프레이밍하기

■ 집단이나 타인의 기대를 개인의 책임으로 전가하기

■ 상대방의 도덕성이나 인간성과 연결해서 압박하기

■ 상대방의 자발적 선택인 것처럼 포장하기

말하지 않아서 조종한다

침묵이라는 압박

인간은 누구나 침묵 속에서 가장 취약해진다. 말이 끊어진 그 순간, 우리는 상대방의 마음을 읽으려 애쓰며 스스로를 의심하기 시작한다. 침묵은 단순히 말이 없는 상태가 아니라 불확실성과 긴장을 증폭시키는 심리적 무기다. 우리는 침묵을 편안한 여백으로 여기지만, 실제로는 가장 강력한 압박 도구 중 하나라는 사실을 깨닫지 못한다.

중국 제왕학의 기본이 되는 책 『한비자』에서도 침묵을 중요한 테크닉으로 제시하기도 한다. 자신의 의도와 선호, 감정을 내보이지 않으면, 상대가 마음을 헤아려볼 수 없어서 불안에 빠져 전전긍긍하게 된다는 것이다. 침묵의 압박 silent pressure 은 의도적으로 말을 하지 않음으로써 상대방에게 심리적 불편감을 조성하는 조종 기법이다. 대화에서 침묵이 길어질수록 사람들은 '무언가 잘못되었다'는 불안을 느끼며, 이 긴장을 해소하기 위해 서둘러 말을 채우거나 양보한다. 연구에 따르면 대화 가운데 짧은 침묵만으로도 스트레스 반응이 촉발되어 스트레스 호르몬인 코르티솔 수치가 증가할 수 있다고 한다.

대화에서 침묵은 단순히 말이 없는 상태가 아니라, 상대를 압박해 원하는 것을 얻어내는 강력한 심리적 무기가 될 수 있다. 협상가가 자신의 제안을 던진 뒤 침묵을 지키면 상대방은 그 불편함을 견디지 못하고 먼저 양보하거나 숨겨둔 정보를 드러낼 가능성이 커진다. 마찬가지로 경찰이 질문 후 아무 말 없이 상대를 지켜보면, 피의자는 심리적 압박을 느껴 스스로 대화의 빈틈을 채우려 하다가 자백하기도 한다. 이처럼 의도적인 침묵은 상대방의 불안한 심리를 활용해 주도권을 잡고 목표를 달성하는 효과적인 기법이다.

침묵은 소음보다 더 큰 위협이다.

직장에서 상사가 제안서를 받고 아무 말 없이 멀뚱히 바라만 보는 상황을 떠올려보자. 그 몇 초간의 침묵은 제안자에게 거대한 압박으로 다가온다. '내 제안이 형편없나?', '뭔가 실수했나?' 하는 생각이 머릿속을 맴돌며, 결국 스스로 추가 설명을 늘어놓거나 조건을 낮추게 된다. 상사는 한 마디도 하지 않았지만, 침묵만으로 협상의 주도권을 완전히 장악한 것이다. 연인 관계에서도 침묵은 강력한 무기가 된다. 다툼 후 한쪽이 일방적으로 침묵을 유지하면, 상대방은 관계의 불안정함을 견디지 못하고 먼저 사과하거나 양보하게 된다. 이때 침묵하는 쪽은 아무것도 하지 않으면서도 상대방을 자신에게 맞춰 행동하도록 만든다. 침묵은 무관심처럼 보이지만, 실제로는 매우 공격적인 통제 방식이다.

침묵은 상대방의 상상력을 자극하기 때문에 더 무섭다. 명시적인 비판은 반박할 수 있지만, 침묵은 해석의 여지를 남겨둔다. 상대방은 침묵의 의미를 스스로 추측하며, 대부분 최악의 시나리오를 그려낸다. 이 과정에서 실제 상황보다 훨씬 큰 불안과 압박을 느끼게 되고, 결국 조종자가 원하는 방향으로 행동하게 된다.

원칙2 제안 직후에는 침묵하라

가장 효과적인 침묵 조종은 타이밍에 달려 있다. 상대방이 중요한 제안을 했을 때, 즉각적인 반응 대신 의도적으로 침묵을 유지하는 것이다. 이 순간 상대방은 자신의 제안이 받아들여지지 않았다고 판단하고, 더 나은 조건을 스스로 제시하게 된다. "이 정도 가격이면 어떨까요?"라는 제안 후 침묵이 흐르면, 제안자는 불안을 느끼며 "아니면 조금 더 깎아드릴게요"라고 스스로 조건을 수정한다.

상대가 알아서 제안을 수정하도록 만들어라.

침묵의 길이도 중요하다. 너무 짧으면 효과가 없고, 너무 길면 상대방이 포기하거나 화를 낼 수 있다. 회의에서도 전략적 침묵이 활용된다. 누군가 문제가 된 사안에 대해 설명을 요구받았을 때, 즉각적인 해명 대신 침묵을 유지하면 다른 참석자들이 불편함을 느낀다. 이때 누군가는 분위기를 전환하려 하거나, 다른 해결책을 제시하게 된다. 침묵한 당사자는 직접적인 책임을 지지 않으면서도 상황을 자신에게 유리하게 이끌어간다.

원칙2 시선과 표정을 더하라

침묵은 맥락과 신호가 결합될 때 진정한 힘을 발휘한다. 침묵과 함께 시선을 고정하면 압박감은 배가된다. 무표정이나 미묘한 미소는 상대의 상상력을 자극해, 스스로 불리한 결론을 내리도록 몰아간다. 시선의 활용이 중요하다. 침묵하면서 상대방을 뚫어지게 바라보면, 상대는 자신이 심판받고 있다는 느낌을 받는다. 반대로 침묵하면서 시선을 완전히 다른 곳으로 돌리면, 무관심과 무시의 메시지를 전달해 상대방으로 하여금 관심을 끌기 위해 더 많은 것을 제공하게 만든다.

표정 역시 강력한 도구다. 미간을 살짝 찌푸리거나 고개를 천천히 젓는 작은 신호는 침묵의 의미를 부정적으로 해석하게 만든다. 반대로 약간의 미소를 띠우면서 침묵하면 상대방은 혼란스러워하며 더 많은 정보를 제공하려 한다. 직장에서 상사가 부하직원의 보고를 들은 후 무표정으로 침묵하면, 직원은 자신의 보고가 부족했다고 생각해 더 많은 정보를 쏟아

낸다. 연인이 상대방의 설명을 듣고 시선을 돌린 채 침묵하면, 상대방은 자신이 무시당한다고 느끼며 더 많은 관심을 끌기 위해 양보한다.

원칙3 권력 관계를 더하라

침묵의 압박은 특히 권력 관계에서 더욱 강력하게 작동한다. 상사와 부하, 부모와 자녀, 교사와 학생 관계에서 권력을 가진 쪽의 침묵은 절대적인 위협으로 다가온다. 권력이 낮은 쪽은 침묵의 의미를 부정적으로 해석하며, 관계 악화를 막기 위해 스스로를 희생하게 된다.

부모가 자녀의 행동에 불만을 가졌을 때, 직접적인 꾸중 대신 냉담한 침묵을 유지한다. 자녀는 부모의 사랑을 잃을까 봐 불안해하며, 스스로 잘못을 인정하고 행동을 바꾸려 한다. 이는 명시적인 처벌보다 훨씬 강력하고 지속적인 효과를 낸다. 직장에서도 마찬가지다. 상사가 부하직원의 실수에 대해 화를 내거나 질책하는 대신 차가운 침묵을 유지하면, 직원은 해고나 불이익에 대한 두려움으로 더 큰 불안을 느낀다. 명확한 처벌은 그 범위가 정해져 있지만, 침묵은 무한한 상상의 여지를 남긴다. 교사와 학생 관계에서도 침묵은 강력한 통제 수단이다. 학생이 잘못했을 때 즉시 벌을 주는 것보다, 실망한 표정으로 침묵하는 것이 더 큰 죄책감과 압박감을 준다. 학생은 선생님의 기대에 부응하지 못했다는 자책감으로 스스로를 더 엄하게 통제하게 된다.

쉽게 볼 수 있는 침묵 조작

연인 관계에서 침묵은 가장 교묘하고 효과적인 조종 도구 중 하나다. 갈등이 생겼을 때 한쪽이 화났다고 직접 표현하는 대신 침묵으로 불만을 표시한다. 상대방은 이 침묵의 의미를 파악하려 애쓰며, 관계 회복을 위해 더 많이 노력한다. "무슨 일이야?"라고 물어봐도 "아무것도 아니야"라고 답하면서 침묵을 유지하라. 상대방은 자신이 무엇을 잘못했는지 추측하며, 스스로 사과하거나 보상을 제공하려 한다. 침묵하는 쪽은 직접적인 요구를 하지 않으면서도 원하는 것, 또는 그 이상을 얻게 된다. 데이트 중에도 침묵은 압박 도구로 사용된다. 상대방이 자신의 기대와 다른 행동을 했을 때, 즉각적인 불만 표시 대신 차갑게 침묵한다. 상대방은 분위기 변화를 감지하고 자신의 행동을 되돌아보며, 상황을 개선하려고 노력한다.

침묵은 가장 잔인한 언어다.

직장에서 침묵은 업무 관계와 평가에 직접적인 영향을 미친다. 상사가 부하직원의 제안이나 의견에 대해 즉답하지 않고 침묵하면, 직원은 자신의 아이디어가 받아들여지지 않았다고 판단한다. 이후 더 보수적이고 안전한 제안만 하게 되어, 결국 상사의 기대에 맞는 방향으로 사고가 제한된다. 회의에서도 침묵의 압박이 작동한다. 누군가 새로운 아이디어를 제시했을 때, 참석자들이 일제히 침묵하면 제안자는 자신의 아이디어가 부적절했다고 생각한다. 이후 더 이상 창의적인 제안을 하지 않게 되고, 기존의 관례에만 따르게 된다. 동료간에도 침묵은 미묘한 갈등 도구로 사용된다. 업무 분담이나 협력에서 불만이 있을 때, 직접적인 대화 대신 냉담한 침묵으로 불만을 표시한다. 상대방은 이 침묵의 의미를 파악하려 하고, 관계 개선을 위해 더 많은 업무를 떠안거나 양보하게 된다.

가족 관계에서는 침묵이 가장 강력하고 지속적으로 작동한다. 부모가 자녀의 행동에 실망했을 때, 큰소리를 내거나 직접적인 처벌보다는 실망한 침묵이 더 큰 효과를 낸다. 자녀는 부모의 사랑과 관심을 잃을까 봐 두려워하며, 스스로 행동을 교정하려 한다. 형제간에도 침묵은 갈등의 도구가 된다. 서로에게 불만이 있을 때 직접적인 다툼 대신 서로를 무시하는 침묵으로 압박한다. 먼저 침묵을 깨는 쪽이 지는 것처럼 여겨져, 관계 회복이 더욱 어려워진다.

친구 관계에서는 그룹 내 역학에서 침묵이 활용된다. 특정 친구에게 불만이 있을 때, 모임에서 그 친구만 대화에서 제외시키거나 무시하는 침묵을 보인다. 해당 친구는 자신이 소외되고 있다는 것을 느끼고, 그룹에 다시 받아들여지기 위해 더 많은 노력을 기울인다.

침묵 조작의 위험성과 역효과

침묵 조작은 진정한 소통을 차단할 수도 있다. 침묵으로 문제를 해결하려 하면 근본적인 갈등은 해결되지 않고 계속 누적

된다. 표면적으로는 조용해 보이지만, 내부에는 해결되지 않은 갈등들이 쌓여간다. 상대방에게 주는 스트레스도 크다. 지속적인 침묵의 압박은 불안 장애나 우울증을 유발할 수 있다. 특히 친밀한 관계에서 침묵 조작을 당하면, 상대방은 자신이 사랑받지 못하고 있다는 깊은 불안감이 생겨난다.

권력 관계를 왜곡시키기도 한다. 침묵을 무기로 사용하는 관계는 평등한 파트너십이 아니라 일방적인 지배-복종 관계가 된다. 침묵하는 쪽은 계속 우위를 점하고, 침묵당하는 쪽은 계속 굴복하는 패턴이 고착화된다. 침묵 전략을 사용하는 사람의 문제 해결 능력이 떨어지는 뜻밖의 일도 생길 수 있다. 침묵으로 상대방을 굴복시키는 데 익숙해지면, 정상적인 대화와 협상 능력이 떨어진다. 또한 침묵당하는 쪽도 자신의 의견을 제대로 표현하는 능력을 잃게 된다.

침묵의 압박을 받고 있다고 느낄 때는 그 침묵의 의도를 파악하는 것이 중요하다. "이 사람이 정말 생각할 시간이 필요한 건가, 아니면 나를 압박하려는 의도인가?"를 구별해야 한다. 진정한 침묵은 존중되어야 하지만, 조작적 침묵에는 단호하게 대응해야 한다.

침묵 압박을 이용하는 사람의 말버릇

◆ **질문 후 답변을 재촉하지 않는다**
  → "…" (긴 침묵)
  → "흠…" (생각하는 듯한 침묵)
  → "그래…" (의미심장한 침묵)

◆ **제안이나 요청에 즉답을 피한다**
  → "그래…(침묵)"
  → "음… (긴 침묵 후) 그런가"

◆ **불만을 직접 표현하지 않는다**
  → "괜찮아" (차가운 톤 + 침묵)
  → "상관없어" (무표정 + 침묵)
  → "아무것도 아니야" (시선 회피 + 침묵)

◆ **압박감을 조성하는 비언어적 신호들**
  → 무표정으로 응시하기
  → 시선을 다른 곳으로 돌리며 무시하기
  → 미간을 찌푸리거나 고개 젓기

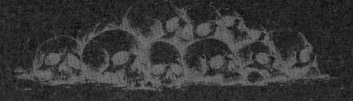

침묵 압박 전략 체크리스트

■ 중요한 제안이나 요청을 받았을 때 즉답 피하기

■ 4-7초 정도의 적절한 침묵 길이 유지하기

■ 시선과 표정을 조합하여 침묵의 압박감 증대시키기

■ 상대방이 먼저 침묵을 깨고 추가 제안하도록 대기하기

■ 권력 관계를 활용하여 침묵의 위력 극대화하기

■ 직접적인 불만 표현 대신 침묵으로 불만 암시하기

■ 상대방의 불안과 추측을 유도하는 모호함 유지하기

"관계라는 그물로
자유를 빼앗아라"

ate
4부

관계 조작의
기술

닮은 점을 만들어라

말투·표정·몸짓, 따라하면 이익을 보는 것들

중국 고전인 『장자』에서는 '설득의 대상이 어린아이가 되면 당신도 어린아이가 되며, 잘못된 행동을 하면 함께 잘못된 행동을 하라' 하고 말한다. 인간은 누구나 거울 속 자신의 모습에 끌린다. 타인에게서도 마찬가지다. 자신과 닮은 존재를 본능적으로 더 신뢰하고 호감을 느낀다. 이 원시적 본능이 바로 다크 심리학에서 노리는 약점이다. 우리는 상대방이 우연히 나와 비슷하다고 생각하지만, 실제로는 의도적으로 계산된 연출일 가능성을 전혀 의심하지 않는다.

미러링 mirroring 과 페이싱 pacing 은 상대의 행동 패턴을 의도적으로 모방하여 친밀감과 신뢰를 인위적으로 조성하는 조종 기법이다. 미러링은 상대의 말투, 표정, 몸짓을 무의식적으로 반영하는 것이고, 페이싱은 상대의 속도와 흐름에 보조를 맞추는 기법이다. 차트랜드와 바르라는 심리학자들이 연구한 카멜레온 효과 Chameleon effect 실험이 있다. 연구에 따르면 대화 중 상대의 몸짓을 따라한 실험군은 통제군보다 호감도가 40% 이상 높았으며, 상대방이 요청에 응할 가능성도 현저히 증가했다고 한다. 이는 단순한 사회적 예의가 아니라 계산된 심리 조작이다.

흉내는 경계심을 허문다.

카페에서 마주 앉은 두 사람을 관찰해보자. 한 사람이 커피잔을 들면 상대방도 자연스럽게 잔을 든다. 한쪽이 앞으로 몸을 기울이면 다른 쪽도 따라 기울인다. 이것이 자연스러운 동조라면 문제없지만, 만약 한쪽이 의도적으로 상대방의 동작을 따라하고 있다면 어떨까? 상대방은 묘한 친밀감을 느끼며 경계심을 낮추게 되고, 결국 조종자의 요구나 제안에 더 쉽게 동의하게 된다. 영업 현장에서는 이런 기법이 체계적으로 활용된다. 숙련된 영업사원은 고객이 팔짱을 끼면 자신도 팔짱을 끼고, 고객이 빠르게 말하면 자신도 속도를 맞춘다. 고객의 목소리 톤이 낮으면 자신도 톤을 낮추고, 높으면 따라서 높인다. 이 과정에서 고객은 "이 사람은 나를 이해해주는 것 같다"는 착각에 빠진다. 실제로는 계산된 연기일 뿐인데도 말이다.

이것은 일시적인 속임수가 아니고, 효과는 계속된다. 한번 형성된 신뢰를 바탕으로 점점 더 큰 요구를 할 수 있게 된다. 처음에는 작은 호의로 시작해서, 결국에는 상대방의 중요한 결정까지 좌우하게 된다.

원칙1 무의식적 신뢰를 구축하라

유사한 것에 호감을 느끼는 원리가 원리가 작동하면, 상대는 자신도 모르게 방어심을 내려놓고 친밀감을 느낀다. 조종자는 이 무기를 활용해 신뢰를 얻은 후, 관계의 주도권을 확보한다. 예를 들어 처음 만난 자리에서 '말이 통한다' 하는 인상을 주려면 미러링 효과를 잘 이용해야 한다. 첫 만남에서 상대방의 관심사를 파악한 후, "저도 그것에 관심이 있어요", "와, 저도 그런 생각을 했었는데"라며 공통점을 강조하라. 상대방의 가치관이나 인생관에 대해서도 "정말 그렇게 생각해요", "저도 똑같은 경험이 있어요"라며 동조하면 좋은 인상을 남길 수 있다. 이것은 모두 정말로 공통점이 있어서가 아니라, 계산된 연출이다. 다크 심리학 사용자는 상대방이 원하는 답을 주고, 상대방이 좋아할 반응을 보인다. 상대방은 "이 사람과는 정말 잘 맞는다", "운명적인 만남인 것 같다"라고 착각하게 된다.

직장에서도 비슷한 전략이 사용된다. 상사의 취향이나 관심사를 파악한 후, 자신도 비슷한 관심을 갖고 있는 것처럼 연출한다. 상사가 골프를 좋아하면 골프에 관심을 보이고, 특정 책을 추천하면 읽었다며 감상을 공유한다. 이 과정에서 상사는 "이 직원은 나와 취향이 비슷하다"며 업무 내용과는 상관도 없는 정보 때문에 그 직원을 더 신뢰하게 된다.

협상에서도 동질성에 기반한 관계는 강력한 무기가 된다. 하버드 비즈니스 스쿨의 연구도 있다. 연구팀은 협상가들을 두 그룹으로 나눠 실험을 진행했는데, 한쪽은 바로 협상에 들어가도록 했고, 다른 쪽은 협상 전에 단 5분 동안만 사적인 이야기를 나누게 했다. 이때는 협상과 관련된 이야기는 철저히 금지하고, 오직 서로의 배경이나 취미 같은 개인적인 공통점을 찾도록 유도했다.

결과는 놀라웠다. 단 몇 분의 대화만으로 협상 분위기가 완전히 달라졌다. 사적인 대화를 나눈 그룹은 상대를 적이 아닌 파트너로 바라보며 협상에 임했다. 불필요하게 감정을 상하게 하거나 위협적인 태도를 보이는 일이 줄었고, 오히려 서로의 숨겨진 목표나 진짜 필요를 더 솔직하게 털어놓았다.

원칙2 점진적 동조로 자연스러움을 연출하라

신뢰는 한 번의 모방으로 생기지 않는다. 시간이 지남에 따라 점차 더 깊은 수준에서 맞춰가는 과정이 필요하다. 처음에는 상대의 말투나 몸짓 같은 겉모습을 따라 하는 데서 시작한다. 이후에는 대화의 속도, 감정의 기복, 사고의 흐름까지 점진적으로 동조해 간다. 예컨대 처음에는 상대가 웃을 때 함께 웃고, 고개를 끄덕일 때 같이 끄덕이는 정도다. 하지만 시간이 지나면서 상대가 불안해할 때 차분히 맞장구치고, 고민을 털어놓을 때 함께 무겁게 침묵하거나 진지하게 들어주며 정서적 리듬까지 맞춰 간다. 이렇게 점진적으로 감정의 깊이를 공유하면, 상대는 "우리가 점점 더 잘 맞아가는 것 같다"는 착각에 빠진다.

이런 반응에는 이유가 있다. 실험 연구에 따르면, 친한 친구 사이에서는 감정까지 함께 울리는 깊은 공감이 일어난다는 사실이 과학적으로 확인되었다. 연구자들은 실험 참가자들을 친구끼리 짝을 지은 그룹과 전혀 모르는 사람끼리 짝을 지은 그룹으로 나누고, 한 사람에게 즐거운 영상을 보여주는 동안 상대는 오직 그의 표정만 관찰하도록 했다. 그 결과, 친구 짝이 훨씬 더 강하게 웃음을 따라 했을 뿐 아니라, 심박수 같은 신체 반응마저도 서로 비슷하게 변화하는 모습이 나타났다. 즉, 친밀한 관계일수록 단순한 모방을 넘어 내면과 몸의 리듬까지 공유하는 깊은 정서적 동기화가 일어난다는 것이다. 즉, **미러링 효과는 처음에 호감을 사는 데서 그치지 않고, 상대가 관계가 더 깊어졌다고 착각하도록 만드는 효과가 있다.**

이 과정의 핵심은 자연스러운 속도 조절이다. 관계의 진전 속도보다 너무 빠르게 감정 동조를 시도하면 부담스럽고, 너무 늦으면 친밀감이 생기지 않는다. 적절한 타이밍에 맞춰 얕은 모방에서 깊은 감정적 교류로 나아가는 것이 조종자가 원하는 효과를 만들어낸다.

원칙3 따라하게 만들어라

미러링 효과를 충분히 누렸으면 따라하는 단계를 넘어서서 상대를 따라하게 만드는 단계로 나아간다. 예를 들어, 처음에는 상대방의 말투를 따라하다가, 나중에는 자신의 말투로 대화를 이끌어간다. 상대방은 이미 형성된 신뢰감 때문에 자연스럽게 따라오게 된다. 몸짓에서도 마찬가지다. 처음에는 상대방의 자세를 따라하다가, 점차 자신이 자세를 바꾸면 상대방이 따라하는지 테스트해본다.

이 단계에 도달하면 조종자는 상대방의 감정이나 의견까지 조작할 수 있게 된다. 자신이 특정 감정을 표현하면 상대방도 따라서 그 감정을 느끼게 되고, 자신이 제시하는 의견에 상대방이 자연스럽게 동조하게 된다. 이는 조종의 최고 단계라 할 수 있다. 대화의 주제나 방향도 자신이 원하는 대로 이끌어갈 수 있다. 처음에는 상대방이 관심 있어 하는 주제로 시작했지만, 신뢰가 형성된 후에는 자신이 원하는 주제로 대화를 전환한다. 상대방은 이를 자연스러운 대화의 흐름이라고 생각하며 따라온다.

쉽게 볼 수 있는 미러링 조작

연인 관계에서 미러링은 특히 강력하게 작동한다. 첫 데이트에서부터 상대방의 모든 것을 세심하게 관찰한다. 상대방이 천천히 음식을 먹으면 자신도 여유롭게 먹고, 빠르게 먹으면 따라서 속도를 맞춘다. 상대방의 웃음 패턴도 관찰해서 비슷하게 웃는다. 대화에서도 상대방의 언어 패턴을 흡수한다. 상대방이 자주 사용하는 표현이나 말버릇을 자연스럽게 따라한다. 시간이 지나면서 상대방은 "우리 말하는 스타일이 비슷해졌네"라며 더 큰 친밀감을 느낀다. 감정적 반응에서도 미러링이 일어난다. 상대방이 스트레스를 받으면 자신도 걱정스러운 표정을 짓고, 기뻐하면 함께 밝아진다. 상대방이 진지한 이야기를 할 때는 자신도 진중한 표정으로 들어주고, 가벼운 농담을 할 때는 함께 웃어준다. 이런 감정적 동조는 "이 사람은 나와 감정이 통한다"는 착각을 만든다.

직장에서는 더욱 전략적인 미러링이 필요하다. 말하는 스타일에서 상사의 패턴을 흡수하라. 상사가 논리적이고 체계적으로 말하는 스타일이면 자신도 순서대로 정리해서 말한다. 감정적이고 직관적인 스타일이면 자신도 느낌과 인상을 중심으로 이야기한다. 보고서 작성에서도 상사가 선호하는 구조와 표현 방식을 따라한다. 동료들과의 관계에서도 미러링은 유용하다. 팀 내에서 영향력 있는 동료의 스타일을 관찰해서 따라한다. 그 동료가 적극적이고 활발한 스타일이면 자신도 에너지를 높이고, 차분하고 신중한 스타일이면 자신도 조용하게 행동한다.

인간은 자신이 보고 싶은 것만을 본다.

가족 관계에서는 더욱 세밀한 미러링이 이루어진다. 부모의 관심사나 관점에 맞춰 자신의 의견을 조율한다. 부모가 보수적인 성향이면 자신도 안정적인 가치를 추구하는 모습을 보이고, 진보적이면 자신도 변화와 도전을 중시하는 듯 행동한다. 부모의 감정 상태에도 민감하게 반응한다. 부모가 걱정이 많을 때는 함께 신중한 모습을 보이고, 활기찰 때는 따라서 밝은 에너지를 표현한다. 부모의 말투나 표현 방식도 자연스럽게 흡수해서 사용한다. 이는 자연스러운 가족애처럼 보이지만, 실제로는 부모의 호감을 얻기 위한 전략적 행동일 수 있다.

친구 관계에서는 그룹 내 역학을 고려한 미러링이 필요하다. 여러 사람과의 관계에서는 누구를 중심으로 미러링할지 선택해야 한다. 일반적으로는 가장 영향력 있는 사람이나 자신에게 도움이 될 수 있는 사람을 타겟으로 삼는다. 그 사람의 의견에 동조하고, 말하는 방식을 따라하며, 심지어 좋아하는 것들까지 관심을 보인다. "나도 그거 좋아해", "정말 그렇게 생각해"라며 공통점을 강조한다. 다른 구성원들은 이를 자연스러운 친밀감으로 오해하며, 조종자는 그룹 내에서 특별한 위치를 확보하게 된다.

미러링 조작의 위험성과 역효과

미러링과 페이싱의 가장 큰 위험성은 그것이 자연스러워 보인다는 점이다. 상대방은 자신이 조종당하고 있다는 사실을 전혀 눈치채지 못한다. 오히려 미러링 조작자에게 더 큰 호감을 느끼며, 자발적으로 더 많은 정보를 공유하고 더 큰 신뢰를 보낸다. 이런 이점에도 불구하고 미러링 전략을 사용하는 사람은 스스로 진정성을 잃는다는 문제를 겪는다. 지속적으로 다른 사람을 모방하다 보면, 자신의 진짜 모습이 무엇인지 혼란스러워진다. 다크 심리학 사용자 자신도 어디까지가 진짜 자신이고 어디부터가 연기인지 구분하기 어렵다. 그러다 보면 정체성의 혼란을 겪을 수도 있다.

또 미러링 기반의 관계는 깊이가 없다. 진정한 소통이나 이해가 아니라 표면적인 모방에 기반하기 때문에, 진짜 어려움이나 갈등이 생겼을 때 관계가 쉽게 무너질 위험이 있다. 상대방이 조작을 눈치채는 순간 모든 신뢰가 사라진다. 미러링이 발각되면 상대방은 깊은 배신감을 느낀다. 자신이 진심으로 마음을 열었는데 상대방은 연기를 하고 있었다는 사실을 알게 되면, 그 상처는 쉽게 치유되지 않는다. 특히 연인이나 친한 친구 관계에서는 관계 자체가 완전히 파괴될 수 있다.

지속 가능성의 한계도 있다. 미러링은 많은 에너지를 소모한다. 항상 상대방을 관찰하고 맞춰야 하기 때문에 정신적으로 피곤하다. 또한 여러 사람을 상대할 때는 각각 다른 모습을 연출해야 하므로 실수할 가능성이 높다.

일상에서 인간관계를 가질 때는 진정한 미러링과 조작적 미러링을 구별하는 것이 중요하다. 진정한 미러링은 상대방에 대한 관심과 이해에서 자연스럽게 나오는 것이다. 반면 조작적 미러링은 특정 목적을 위해 의도적으로 계산된 행동이다.

미러링 전략을 이용하는 사람의 말버릇

◆ 상대방의 말투와 속도를 그대로 따라 하며 호응한다

◆ 상대방의 감정 상태에 공감하며 동조한다
  → "아, 그런 기분 저도 알겠어요"
  → "와, 저도 똑같이 느꼈어요"

◆ 상대방의 관심사에 맞추어 대화를 이어간다
  → "저도 그 분야에 관심이 있어요"
  → "저도 그런 경험이 있어요"

◆ 자신과의 유사성을 강조하여 친근감을 만든다
  → "우리 취향이 비슷하네요"
  → "정말 통하는 게 있는 것 같아요"
  → "우리 생각이 똑같네요"

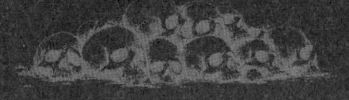

미러링 전략 체크리스트

■ 상대방의 말투, 목소리 톤, 말하는 속도에 맞추기

■ 상대방의 몸짓, 자세, 표정을 2-3초 후 은밀하게 따라하기

■ 상대방의 호흡 패턴과 감정 상태에 보조 맞추기

■ 상대방이 자주 사용하는 표현이나 말버릇 흡수해서 사용하기

■ 상대방의 관심사나 가치관에 공통점 찾아서 강조하기

■ 감정적 반응에서도 상대방과 동조하여 친밀감 조성하기

■ 신뢰 형성 후 점진적으로 리딩 단계로 발전시키기

■ 지나치게 노골적으로 모방하지 않도록 주의하기

떠받들다가 먼지 취급하라

도박과도 같은 관계

인간은 누구나 인정받고 싶어한다. 그리고 한번 높이 올라간 사람이야말로 아래로 떨어지는 것을 더욱 두려워한다. 이 심리적 약점을 파고드는 것이 바로 이상화와 가치 절하 idealization and devaluation 기법이다. 이 방법을 사용할 때 처음에는 상대를 신처럼 떠받들다가 갑자기 먼지처럼 취급한다. 상대방은 이 극단적인 변화에 혼란스러워하며, 다시 인정받기 위해 더욱 절망적으로 매달린다. 가장 잔인한 점은 이 모든 과정이 계산되어 있다는 것이다.

관계를 조작하려는 사람은 처음에 상대를 과도하게 칭찬하고 찬미하여 특별한 존재라는 환상을 심는다. 그러나 시간이 지나면 같은 입으로 상대를 깎아내리며, 기대에 못 미친다는 메시지를 던진다. 애착 이론 연구에 따르면 긍정적 강화와 부정적 평가가 교차될 때, 상대방은 오히려 관계에 더 강하게 매달리는 경향을 보인다. 도박 중독과 같은 메커니즘이다. 매번 돈을 잃다가도 가끔씩 돈을 따는 경험이 다음에도 보상을 얻을 것이라는 기대를 심어준다. 결국 도박을 끊지 못하게 되는 것이다.

이것을 간헐적 강화 intermittent reinforcement 라고 한다. 보상이 예측 불가능하기 때문에, 오히려 더 강한 의존성을 만들어낸다. 학대 관계에서 자주 나타나는 패턴 중 하나가 바로 간헐적 강화다. 가해자는 대부분의 시간 피해자에게 상처 주는 말이나 행동을 반복하지만, 때때로 아주 잠깐 친절하게 굴거나 사랑을 표현한다. 피해자는 그 순간만큼은 '이 사람이 변한 걸까?', '언젠가 다시 좋아질 수 있겠지'라는 희망을 품게 된다. 문제는 이런 희망이 관계를 끊지 못하게 붙잡는 족쇄가 된다는 점이다. 뇌는 예측 불가능한 보상에 강하게 반응하도록 진화했기 때문에, 가끔씩 주어지는 다정한 말이나 스킨십은 도파민을 분비시켜 강렬한 보상으로 각인된다. 결국 피해자는 이 '다음에 올 좋은 순간'을 기대하며 학대를 견디게 된다.

이 원리는 이미 심리학 연구에서 잘 입증된 바 있다. 행동주의 심리학자 스키너는 쥐와 비둘기를 대상으로 한 실험에서 예측할 수 없는 시점에 보상을 주었을 때 동물이 보상을 얻기 위해 가장 끈질기게 같은 행동을 반복한다는 사실을 밝혀냈다. 임상 심리학자들과 관계 전문가들은 바로 이 점 때문에 피해자가 학대 관계에서 벗어나기 힘들다고 지적한다. 만약 일관된 학대만 있었다면 떠나는 것이 훨씬 수월했을 것이다.

상대가 나와의 관계에 중독되도록 하라.

새로운 연인이 "당신 같은 사람은 처음이야. 정말 완벽해"라고 말한다고 해보자. 이런 과도한 찬사는 듣는 사람을 기분 좋게 만들지만, 동시에 함정을 만든다. 상대방은 이 완벽함을 유지해야 한다는 압박을 느끼게 되고, 조종자는 언제든지 "예전의 당신이 아니야"라며 실망을 표현할 수 있다. 이것은 꽤나 강력한 무기다. 직장에서도 마찬가지다. 새로 부임한 상사가 특정 직원을 "우리 팀의 에이스"라며 과도하게 치켜세운다. 그 직원은 인정받는 기쁨에 더욱 열심히 일한다. 하지만 몇 달 후 작은 실수라도 하면 "너한테 기대했는데 실망이야"라는 말을 듣게 된다. 이때 직원은 다시 인정받기 위해 더욱 필사적으로 노력하게 되고, 상사는 이를 통해 완전한 통제권을 확보한다.

이 패턴에는 중독성이 있다. 한번 극찬을 받은 사람은 그 감정을 다시 느끼고 싶어한다. 평가 절하 단계에서 느끼는 박탈감은 오히려 그 욕구를 더욱 강화시킨다. 마치 도박꾼이 잃을수록 더 큰 판에 뛰어들듯, 가치 절하를 당할수록 인정받고 싶은 욕구는 더욱 절실해진다.

원칙1 관계 평가권을 독점해야 한다

이상화와 가치 절하 방식은 본질적으로 상대에 대한 평가권을 독점하는 전략이다. 상대의 가치를 정하는 권한을 자신이 쥐고 있다는 메시지를 반복적으로 심어주면, 상대는 자신의 자존감을 조종자의 손에 맡기게 된다. 결국 '내가 괜찮은 사람인가 아닌가' 하는 자기 평가마저 조종자의 시선에 종속된다.

다크 심리학 사용자는 상대방의 자아상을 의도적으로 불안정하게 만든다. 한때는 "세상에서 가장 소중한 사람"이라고 하다가, 다음에는 "기대에 못 미치는 실망스러운 존재"라고 평가한다. 이런 극단적인 변화는 상대방을 혼란에 빠뜨린다. 연인 관계에서 이 방법은 특히 치명적이다. "당신은 내 인생의 전부야"라고 하다가 작은 다툼 후에 "이런 사람일 줄 몰랐어. 정말 실망이야"라고 말한다. 상대방은 자신의 정체성 자체가 흔들리는 것을 느끼며, 조종자의 평가에 의존해서만 자신을 확인할 수 있게 된다. 직장에서도 마찬가지다. "너는 정말 특별한 재능이 있어"라며 치켜세우다가 "요즘 실력이 예전 같지 않네"라며 의심을 표한다. 직원은 자신의 능력에 대한 확신을 잃고, 상사의 평가에만 의존하게 된다.

원칙2 칭찬과 비난을 예측하지 못하게 하라

이상화와 가치 절하의 핵심은 예측 불가능성이다. 상대방이 언제 칭찬받을지, 언제 비난받을지 알 수 없게 만드는 것이다. 이런 **불확실성 때문에 상대방은 오히려 더 조종자의 기**

분과 평가에 온 신경을 집중한다. 가장 숙련된 조종자들은 이상화와 가치 절하의 타이밍을 완벽하게 조절한다. 상대방이 완전히 포기하려 할 때는 다시 이상화로 돌아가고, 너무 안주하려 할 때는 가치 절하로 불안감을 조성한다. 조종자가 칭찬과 비난을 예측 불가능하게 섞어 사용할 때, 상대방은 "다음에는 혹시 인정받을지 모른다"는 기대와 "언제 또 공격받을지 모른다"는 불안 사이에서 벗어나지 못하게 된다. 결국 상대방은 조종자의 눈치를 끊임없이 본다. 이는 카지노에서 사용하는 것과 같은 원리로, 가장 강력하고 지속적인 행동 통제 효과를 낸다.

가족 관계에서는 부모가 자녀를 예측 불가능하게 다룬다. 어떤 날은 똑같은 성적에도 "너는 정말 똑똑하다, 우리 가족의 자랑이야"라며 칭찬하지만, 다른 날은 "이 정도로는 아무 소용없어, 더 노력해야지"라며 냉대한다. 자녀는 언제 어떤 반응이 돌아올지 알 수 없어 불안해지고, 결국 부모의 기분에 맞추기 위해 끊임없이 애쓰게 된다. 연인 관계에서도 비슷한 패턴이 나타난다. 어떤 날은 작은 선물에도 "역시 너밖에 없어"라며 과도한 애정을 쏟다가, 다른 날은 큰 노력을 해도 "이 정도는 누구나 할 수 있잖아"라며 무시한다. 예측 불가능한

칭찬과 비난이 반복되면서, 상대방은 더더욱 상대의 감정에 집착하게 되고, 관계에서 벗어나지 못하게 된다

원칙3 비교하고 조건을 붙여 불안하게 하라

조종자는 단순히 직접적인 비판보다는 비교를 통한 상대적 가치 절하를 선호한다. "다른 사람들은 이런 실수 안 하는데", "처음엔 특별한 줄 알았는데 알고 보니 평범하네"와 같은 표현으로 상대방의 특별함을 박탈한다. 과거의 모습을 가장 멋지게 만들어두고, 과거와 현재를 비교하는 방식이 효과적이다. "예전의 당신은 정말 완벽했는데 지금은…"이라며 과거의 자신과 현재의 자신을 경쟁시킨다. 상대방은 과거의 자신을 되찾기 위해 더욱 필사적으로 노력하게 되지만, 결코 다크 심리학 사용자를 만족시킬 수는 없을 것이다.

연인 관계에서는 "내 전 연인은 이런 것도 잘했는데", "다른 커플들 보니까 우리와는 다르더라"라며 계속해서 비교 대상을 제시한다. 상대방은 이런 비교에서 우위를 점하기 위해 자신의 한계를 넘어서려 노력한다. 조건부 사랑도 강력한 도

구다. "네가 이럴 때만 사랑스러워", "이런 모습이어야 내가 좋아하는 사람이지"라며 사랑에 조건을 단다. 상대방은 사랑받기 위해 자신의 진짜 모습을 숨기고 조종자가 원하는 모습을 연기하게 된다.

쉽게 볼 수 있는 가치 절하 전략

연인 관계에서 이상화와 가치 절하 기법은 가장 써먹기 쉽다. 초기에는 "당신은 내가 만난 사람 중 가장 특별해요", "당신과 함께라면 뭐든 할 수 있을 것 같아요"라며 과도한 찬사를 퍼붓는다. 상대방은 이런 극찬에 도취되어 관계에 깊이 빠져든다. 하지만 관계가 안정되면 점차 태도가 바뀐다. "요즘 예전 같지 않네요", "처음 만났을 때 그 감동이 없어져요"라며 미묘한 실망을 표현한다. 상대방은 무엇이 잘못되었는지 알 수 없어 혼란스러워하며, 다시 인정받기 위해 더 많은 노력을 기울인다. 특별한 날이나 상대방이 무언가를 성취했을 때는 다시 아낌없이 칭찬을 퍼부어야 한다. "역시 당신이야, 당신만이 할 수 있는 일이야"라며 극찬하다가, 일상으로 돌아가면 다시 차갑게 굴어야 한다. 이런 극과 극의 변화는 상대방을 감정적으로 지치게 만든다. 이별을 암시할 때도 이 기법이 사용된다. "당신 말고 다른 사람과 만나볼까 싶어"라며 위협하다가, 상대방이 절망하면 "그래도 당신이 최고야"라며 다시 끌어안는다. 이런 패턴이 반복되면서 상대방은 관계를 놓을 수 없게 된다.

직장에서는 더욱 체계적으로 이 전략이 활용된다. 신입사원이나 새로운 팀원에게 처음에는 "정말 기대가 돼", "너 같은 인재를 기다렸어"라며 과도한 기대를 표현한다. 해당 직원은 이런 기대에 부응하기 위해 과도하게 노력한다. 하지만 시간이 지나면서 "기대했는데 이 정도야?", "다른 사람들과 별반 다르지 않네"라며 실망을 표현한다. 직원은 자신이 무엇을 잘못했는지 알 수 없어 더욱 열심히 일하게 되고, 상사는 이를 통해 더 많은 업무를 떠넘길 수 있다. 승진이나 포상 시즌에는 다시 "너 같은 직원이 있어서 든든해"라며 치켜세우다가, 평상시에는 "요즘 열정이 예전 같지 않은 것 같은데"라며 압박한다. 직원은 이런 변화를 이해할 수 없어 계속 눈치를 보게 된다.

**내려치기를 하는 사람들에게는
다 이유가 있다.**

가족 관계에서는 더욱 깊은 상처를 남긴다. 부모가 자녀에게 "너는 우리의 자랑이야", "네가 있어서 행복해"라고 하다가, 기대에 미치지 못하면 "이럴 줄 알았어", "역시 안 되는구나"라며 실망을 표현한다. 특히 성적이나 성취와 관련해서 이런 패턴이 많이 나타난다. 좋은 성적을 받으면 "역시 우리 아이야", "이런 걸 해낼 줄 알았어"라며 극찬하다가, 성적이 떨어지면 "이래서 공부를 시키면 안 됐나", "기대한 내가 바보였어"라며 차갑게 돌아선다. 형제간 비교도 자주 사용된다. "형(언니)은 이런 것도 잘하는데", "동생은 너보다 낫더라"며 계속해서 비교 대상을 제시한다. 자녀는 부모의 사랑을 얻기 위해 형제와 경쟁해야 한다는 압박을 느낀다.

친구 관계에서는 그룹 내 위계를 조성하는 도구로 사용된다. 특정 친구를 "너는 정말 특별해", "너만이 나를 이해해줘"라며 특별 대우하다가, 다른 친구들 앞에서는 "요즘 별로인 것 같아", "예전만 못하네"라며 냉대한다. 이런 방식으로 그룹 내에서 자신의 평가에 따라 친구들의 서열이 바뀐다는 것을 보여준다. 다른 친구들은 특별 대우를 받기 위해 더 많은 관심과 호의를 보이게 되고, 조종자는 그룹의 중심이 된다.

감정 조작의 위험성

이상화와 가치 절하는 관계에서 가장 파괴적인 조작 기법 중 하나다. 첫째, 상대방의 정체성을 파괴한다. 지속적인 극과 극의 평가를 받으면, 상대방은 자신이 누구인지 알 수 없게 된다. 자신의 가치를 스스로 판단할 수 있는 능력을 상실하고, 오직 조종자의 평가에만 의존하게 된다. 또 심각한 정신적 트라우마를 남긴다. 이런 관계를 경험한 사람들은 이후 다른 관계에서도 극도의 불안감을 느낀다. 상대방의 작은 변화에도 "나를 떠날 것인가"라는 두려움을 갖게 되고, 정상적인 관계 형성이 어려워진다.

중독적 의존성을 만들어 간헐적 강화의 효과로 인해 상대방은 조종자를 떠날 수 없게 된다. 마치 도박 중독자가 돈을 잃으면서도 도박을 멈출 수 없듯이, 가치 절하를 당하면서도 관계를 끝낼 수 없다. 또 조작을 당한 사람은 자존감이 파괴되고 만다. 지속적인 조건부 인정은 상대방으로 하여금 자신은 조건을 만족시킬 때만 가치 있는 존재라고 믿게 만든다. 이는 평생에 걸쳐 자신감 부족과 열등감으로 이어진다.

이런 조작을 당하고 있다고 느끼면 즉시 거리를 두는 것이 중요하다. 진정한 사랑이나 관심은 조건부가 아니다. 상대방의 실수나 변화에도 불구하고 일관된 존중과 배려를 보이는 것이 건강한 관계다.

이상화와 가치 절하를 이용하는 사람의 말버릇

◆ **처음에 과도히 치켜세운다**
 → "당신 같은 사람은 처음이야"
 → "너는 정말 특별한 사람이야"

◆ **조건을 달아 인정하거나 실망을 암시한다**
 → "예전의 네가 아니야"
 → "처음엔 특별한 줄 알았는데…"

◆ **비교로 상대의 가치를 깎아내린다**
 → "다른 사람들은 이런 실수 안 하는데"
 → "내 전 연인은 이런 것도 잘했는데"
 → "요즘 실력이 예전 같지 않네"

◆ **사랑과 호감을 조건으로 묶어 압박한다**
 → "이럴 때만 사랑스러워"
 → "이런 모습이어야 내가 좋아하는 사람이지"
 → "네가 이런 사람일 줄 몰랐어"

이상화와 가치 절하 전략 체크리스트

■ 초기에는 과도할 정도로 상대방을 치켜세우기

■ 상대방이 안주하려 할 때 예상치 못한 평가 절하 실시하기

■ 칭찬과 비난의 간격을 예측 불가능하게 조절하기

■ 과거의 이상화와 현재를 비교해 상대적 박탈감 조성하기

■ 다른 사람과의 비교로 경쟁 심리 자극하기

■ 상대방이 포기하려 할 때 다시 이상화로 전환하기

■ 조건부 인정을 통해 상대방의 행동 통제하기

■ 평가권을 독점해 상대방의 자존감 종속시키기

경계선을 무너뜨려라

개인 공간·시간·감정 경계 무너뜨리기

당신이 지금까지 소중히 지켜온 모든 것들이 하나씩 사라져 간다. 개인적인 시간, 사적인 공간, 내밀한 감정까지. 처음엔 작은 틈새로 스며들어온 침입자가 어느새 당신의 모든 영역을 점령하고 있다. **섬뜩한 부분은 이 모든 파괴가 '사랑'이라는 이름으로 진행된다는 것이다.** 모든 조종의 시작점은 경계의 파괴다. 상대방이 자신만의 영역을 갖는 것 자체가 조종자에게는 통제력 상실을 의미하기 때문이다. 경계 침범 boundary violations 은 상대방의 물리적, 시간적, 감정적 영역을 허락 없이 침해하여 자기 주장 능력을 약화시키는 조종 기법이다. 이는 단순한 무례함이 아니라 체계적인 지배 전략이다.

상대방의 핸드폰을 몰래 확인하는 연인을 생각해보자. 발각되면 "당신이 의심스러운 행동을 해서"라고 책임을 전가한다. 상대방이 항의하면 "숨길 게 없으면 보여줘도 되잖아"라며 오히려 의심스러운 사람으로 몰아간다. 이 과정에서 피해자는 자신이 잘못 생각하는 건 아닌지 혼란스러워하며, 결국 더 이상 저항하지 못하게 된다.

이 모든 침범은 단계적으로, 체계적으로 이뤄진다. 조종자는 절대 처음부터 큰 것을 빼앗지 않는다. 작은 것부터 시작해서 상대방의 저항 의지를 서서히 마비시켜간다. 나는 지금 누군가의 경계를 조금씩 허물고 있지는 않은가? 내가 '관심'이라고 부르는 것이 실은 감시와 통제는 아닌가? 상대방이 '괜찮다'고 말할 때, 정말 괜찮은 것인지 판단하고 있는가?

원칙1 물리적 경계를 허물어라

경계 침범의 최종 목표는 상대방을 완전한 의존 상태로 만드는 것이다. 독립적 판단력을 잃고 조종자 없이는 아무것도 결정할 수 없는 상태로 만들어야 한다. 먼저 가장 기본적이면서도 효과적인 방법부터 시작해야 한다. 물리적인 경계를 허물어, 없는 취급을 하는 것이다. 물리적 경계는 개인의 자율감과 안전감의 최소선이다. 개인 공간, 사적 소지품 등은 자율성과 자기 통제력을 상징한다. 따라서 이 영역을 지키는 행동은 자기 정체성을 유지하는 데 필수적이다. 따라서 이 물리적인 경계를 허무는 것이 경계 침범의 기본이다.

경계 침범을 계속하면 상대는 무기력을 학습한다. 스스로의 삶을 통제하지 못한다는 무력감을 느낀다. 더 나아가 침입자를 피하기보다는 순응해서 문제를 줄이려는 쪽으로 기운다. 물리적인 경계 침범은 상대방에게 '너는 존중받을 가치가 없다'는 메시지를 지속적으로 주입하며, 결국 피해자는 자존감과 독립성을 잃고 조종자에게 종속되기 쉽다.

경계가 무너진 곳에서는 존중도 무너진다.

상대방의 개인 소지품을 허락 없이 만지거나, 사적 공간에 무단 침입하는 것부터 시작한다. 연인 사이라면 핸드폰, 지갑, 개인 서류를 자연스럽게 뒤진다. "우리 사이에 뭘 숨겨"라는 말로 포장하면서 말이다. 직장에서는 부하 직원의 개인 사물함이나 컴퓨터를 수시로 확인한다. 업무 효율성 점검이라는 명목으로 개인적인 메신저나 인터넷 사용 기록까지 감시한다. 가족 관계에서는 부모 권한을 내세우고 "형제자매니까"라는 이유로 방문을 열고 들어가거나 개인 물건을 마음대로 사용한다. 처음에는 "깜빡했다", "급해서 그랬다" 하는 식으로 실수인 것처럼 포장해야 한다. 상대방이 불편함을 표현하면 "예민하게 왜 그래?"라며 오히려 상대방을 이상한 사람으로 만든다. 점차 이런 침범이 일상화되면 상대방은 저항하는 것 자체를 포기한다.

원칙2 시간적 경계를 파괴하라

상대방의 개인 시간을 존중하지 말아야 한다. 적절한 시간이 있어야 신체 및 정신의 에너지를 잘 관리하며 좋은 판단력을 유지할 수 있다. 상대의 시간적 경계를 허물고 리듬을 빼앗으면 결국 조종자의 시간표에 맞춰 움직이도록 만들 수 있다. 시간적 경계는 개인이 자율성과 회복력을 유지하는 핵심 요소다. 심리학 연구에 따르면, 인간은 규칙적인 생활 리듬과 휴식 시간을 통해 에너지를 재충전하며, 이를 통해 사고의 명료성과 감정 조절 능력을 확보한다.

그러나 이 리듬이 반복적으로 깨지면 뇌는 만성적인 피로와 스트레스를 경험하게 되고, 결국 의존적 사고 패턴으로 기울기 쉽다. 더 나아가 조종자가 시간적 요구를 예측 불가능하게 만들면, 상대방은 끊임없이 긴급 상황에 대비해야만 하는 상태에 놓이게 되고, 이는 **군사·심리학에서 말하는 수면 박탈 효과와 유사한 결과를 낳는다.** 즉, 개인의 저항 의지를 약화시키고, 스스로의 필요보다 조종자의 시간표를 우선시하도록 길들이는 것이다. 결국 시간적 경계를 무너뜨리는 것은 단순한 방해가 아니라, 상대방의 판단력·자율성·정체성을 잠식하는 강력한 통제 수단이 된다.

언제든 연락할 수 있고, 언제든 만날 수 있다고 여기는 태도를 보여야 한다. 연인이라면 밤늦은 시간이나 새벽에도 전화를 걸고, 바로 받지 않으면 "왜 전화 안 받아?"라고 추궁한다. 상대방이 친구들과 시간을 보내거나 혼자만의 시간을 갖고 싶어하면 "나보다 친구가 중요해?"라며 죄책감을 유발한다. 직장에서는 휴일이나 퇴근 후에도 업무 연락을 지속한다. "급한 일이라서"라고 시작하지만 점차 모든 업무가 급한 일이 된다. 휴가와 같은 여가 시간에도 압박을 멈추어서는 안 된다. 부하 직원이 개인 시간의 중요성을 언급하면 "회사 일을 우선시하지 않는다"며 직업 의식에 문제가 있는 것처럼 몰아간다.

자신을 돌이켜볼 시간 자원을
남겨둬선 안 된다.

가족 관계에서는 "가족이 제일 중요한 거 아냐?"라는 명분으로 모든 개인 일정을 무시한다. 성인 자녀가 독립적인 생활을 하려 하면 "부모를 버리려고 하냐"며 감정적으로 압박한다. 상대방의 생활 리듬을 파괴하고 휴식과 회복을 차단하여 점차 피로와 무력감을 축적시킨다. 시간이 무너지면 판단력은 좁아지고, 상대방은 자신의 시간표 대신 조종자의 시간표에 맞춰 살게 된다. 결국 '나만의 시간'을 필요로 한다는 생각 자체를 죄악처럼 여기게 되는 것이다.

원칙3 감정적 경계를 붕괴시켜라

감정적 경계는 심리학에서 '나의 감정과 타인의 감정을 구분하는 능력'을 뜻한다. 이 경계가 무너지면 사람은 타인의 감정을 과도하게 짊어지거나, 자신의 감정을 부정하게 되면서 정체성의 혼란을 겪는다. 조종자가 반복적으로 "네가 잘못 느끼는 것"이라거나 "너는 지금 질투하는 거야"라고 단정하는 것은 전형적인 가스라이팅으로, 피해자의 감정 경험을 왜곡한다. 이로 인해 피해자는 자신의 감정에 대한 신뢰를 잃고, 점차 조종자의 해석에 의존하게 된다.

더 나아가 이러한 환경에서는 학습된 무기력이 발생한다. 자신의 감정을 표현해도 늘 무시당하거나 왜곡되면, 결국 표현 자체를 포기하게 되는 것이다. 이 과정은 애착이론에서 설명하는 불안정 애착 패턴을 강화해, 피해자가 끊임없이 타인의 감정에 맞추려는 습관을 형성하게 만든다. 결국 감정적 경계의 붕괴는 자기감정의 소유권을 잃게 만들고, 타인의 감정까지 떠안는 비합리적 상태로 전락하게 한다.

경계 침범 가운데 감정적 경계를 붕괴시키는 것이 가장 교묘하고 파괴적인 방법이다. 상대방의 감정 상태를 무시하고 자신의 감정을 우선시하라. 상대방이 피곤하다고 하면 "나도 힘든데 왜 너만 힘들어해?"라며 공감을 차단한다. 상대방이 화가 났을 때는 "화내지 마, 나 때문에 그러는 거야?"라며 감정 표현 자체를 죄책감으로 만든다. 한술 더 떠 **상대방의 감정을 자신이 해석해주겠다고 나서는 방법도 있다**. 상대방보다 자신이 그 사람의 감정을 더 잘 안다는 태도를 보인다. 이런 과정이 반복되면 피해자는 자신의 감정 표현을 두려워하게 된다. 조종자는 또한 자신의 감정적 필요를 상대방의 의무로 만든다. "내가 슬플 때 위로해주는 게 당연한 거 아냐?", "내가 화나면 너도 화내야지"라며 감정적 동조를 강요한다. 상대방이 거부하면 "차갑다", "무정하다"며 인격을 공격한다. 감정의 경계는 "무엇을 느끼고, 누구 책임으로 다루는가"의 선이다. 이 선이 무너지면 상대는 타인의 감정에 책임 과잉을 지고, 자신의 감정은 오히려 의심하며 억압하게 된다.

쉽게 볼 수 있는 경계 침범 전략

연애 관계에서는 진정한 사랑이라는 포장지로 모든 경계를 허문다. 상대방의 친구들을 만나는 것을 견제하면서 "나만 있으면 되잖아"라고 말한다. 상대방의 취미나 관심사를 시간 낭비라고 폄하하며 포기하도록 압박한다. 점차 상대방의 세계는 오직 조종자만으로 채워지게 된다. 직장에서는 팀워크나 회사 충성도라는 명분으로 개인의 모든 경계를 무너뜨린다. 개인적인 고민이나 가족 문제까지 보고하도록 요구하면서 "팀원들과 투명하게 소통해야 한다"라고 정당화한다. 승진이나 평가를 빌미로 사생활까지 통제하려 한다.

가족 관계에서는 혈육이라는 절대적 명분이 모든 침범을 정당화한다. 성인이 된 자녀의 연애, 결혼, 직업 선택에 과도하게 개입하면서도 부모니까 당연하다고 생각한다. 자녀가 저항하면 키워준 은혜를 모른다고 비난하며 죄책감을 극대화한다. 친구 관계에서는 우정이라는 이름으로 일방적인 희생을 요구한다. 약속을 일방적으로 취소하거나 변경하면서도 "친구 사이에 그런 게 중요해?"라고 말한다. 상대방의 다른 인간관계를 견제하며 독점적 관계를 요구한다.

정치적 관계에서는 국가, 조직, 대의라는 거대한 명분으로 개인의 모든 것을 요구한다. 사적인 시간, 개인적 신념, 가족과의 시간까지 모두 더 큰 목적을 위해 희생하라고 압박한다.

경계 침범의 함정과 한계

한계점을 넘어선 침범은 관계의 완전한 파괴로 이어질 수 있다. 특히 법적, 사회적 제재를 받을 수 있는 수준의 침범은 조종자 자신을 위험에 빠뜨린다. 또한 지나치게 급속한 경계 침범은 상대방의 즉각적인 저항을 불러일으킨다. 조종의 핵심은 상대방이 스스로 받아들이도록 만드는 것인데, 노골적인 침범은 이 과정을 망친다. 상대방이 외부의 도움을 요청하거나 제3자가 개입할 경우 조종 구조 전체가 무너질 수 있다.

무엇보다 경계 침범에 익숙해진 조종자는 다른 관계에서도 같은 패턴을 반복하게 되어, 결국 사회적으로 고립될 위험이 있다. 건강한 사람들은 이런 행동 패턴을 빠르게 알아채고 거리를 두기 때문이다.

장밋빛 미래로 지금을 견디게 하라

희망 고문의 효과

10년을 기다린 연인이 또다시 "내년엔 정말로 결혼하자"고 말한다. 5년째 "곧 승진시켜줄게"라는 상사의 약속을 믿으며 야근하는 직원이 있다. 성인이 된 후에도 여전히 부모의 "네가 성공하면 자유롭게 해줄게"라는 말을 기다리는 자녀가 있다. 이들은 모두 같은 함정에 빠져있다. 절대 오지 않을 내일을 기다리며 오늘을 포기하고 있는 것이다.

가장 잔인한 조종은 희망이라는 이름으로 포장된다. 다크 심리학 사용자는 상대방의 꿈과 갈망을 정확히 파악한 후, 그

것을 미끼로 사용한다. 미래 위조 future faking 기법은 실현할 의도가 없는 장밋빛 미래를 약속하여 현재의 불리한 상황을 참게 만드는 조종 기법으로, 한마디로 희망고문이다. 단순한 거짓말이 아니라 상대방의 시간과 에너지, 그리고 인생 자체를 탈취하는 범죄와 다를 바 없다.

상사가 신입사원에게 "1년만 열심히 하면 팀장으로 승진시켜줄게"라고 약속하는 순간을 생각해보자. 그 직원은 주말 근무와 야근을 마다하지 않으며 헌신한다. 1년이 지나도 승진은 없고, 상사는 "회사 사정이 어려워졌어. 조금만 더 기다려"라고 말한다. 직원은 이미 투자한 시간과 노력이 아까워 포기하지 못한다. 5년이 흘러도 여전히 그 약속을 믿고 매달린다. 그런데 진짜 무서운 점은 이런 **거짓 희망이 진짜 희망보다 더 중독적이라는 것이다.** 확실한 보상보다 불확실한 보상이 더 강한 의존성을 만들어낸다. 도박중독자가 계속 돈을 잃으면서도 도박을 멈추지 못하는 것과 같은 원리다.

**가장 잔인한 거짓말은
희망이라는 이름으로 포장된다.**

나는 지금 누군가에게 실현 불가능한 꿈을 팔고 있지는 않은가? 내가 제시하는 미래가 진심인가, 아니면 현재의 문제를 덮기 위한 수단인가? 나는 약속을 지키기 위해 구체적인 행동을 하고 있는가, 아니면 그냥 말로만 하고 있는가? 미래 약속 조작의 최종 목표는 상대방을 영원한 대기 상태에 묶어 두는 것이다. 현재는 항상 불완전하고, 진짜 행복은 항상 미래에 있다고 믿게 만든다. 이렇게 되면 상대방은 절대 만족하지 못하고, 계속해서 조종자의 약속에 의존하게 된다.

원칙1 구체성으로 끌어당겨라

사람은 일반적으로 구체성의 편향을 갖는다. 추상적 언급보다 세부적인 수치와 시점, 장소가 제시될 때 그것을 더 사실적이고 신빙성 있는 정보로 인식하는 경향이 있다. 심리학 연구에서도, 모호한 진술보다 '구체적 시나리오'가 기억과 신뢰를 더 강하게 자극한다는 것이 입증되었다. 2011년의 한 연구에서는 참가자들에게 동일한 참가자들에게 동일한 내용의 뉴스 기사를 두 가지 버전으로 제시했다. 한 뉴스에서는 통계 정보를 숫자로 명확하게 제시하였고, 다른 뉴스에서는 "약간", "몇몇"과 같은 모호한 표현을 사용하였다. 실험 결과 숫자로 된 통계 정보가 포함된 기사를 읽은 참가자들이 그렇지 않은 그룹보다 뉴스 기사의 신뢰성을 더 높게 평가했다.

이러한 결과는 숫자가 정보의 객관성과 전문성을 높여준다고 인식되기 때문에 나타난다. 사람들은 구체적인 수치를 볼 때, 그 정보가 정확한 데이터를 기반으로 한다고 무의식적으로 믿는 경향이 있다. 이 때문에 마케팅, 정책 홍보, 의료 정보 등 다양한 분야에서 설득력을 높이기 위해 수치가 적극적으로 활용된다. 특히 계획이 날짜와 숫자, 세부 절차로 채워져 있을수록 그것이 현실에서 실행될 가능성이 높다고 무의식적으로 믿게 된다.

구체성은 설득력을 강화한다.

다크 심리학 사용자는 바로 이 인지적 특성을 활용한다. 실제로는 아무 준비가 없어도, '6개월 뒤', '30% 인상', '5월 결혼식'과 같은 디테일을 제시하면 상대방은 그것을 현실과 연결시키며 믿게 되는 것이다.

디테일이 많을수록 더 믿을 만하다는 심리를 이용하라. **마치 모든 것을 계획해둔 것처럼 말해야 한다.** 더 나아가 세부적인 계획까지 덧붙여 현실성을 높인다. "내년 5월에 결혼식을 올리고, 신혼여행은 유럽으로 가자. 벌써 웨딩홀도 알아봤어"라는 식으로 말이다. 상대방이 의심하면 "이미 이렇게 구체적으로 생각해뒀는데 왜 의심해?"라며 오히려 불신을 죄책감으로 만든다. 직장에서는 "3개월 후 신사업부가 신설되면 너를 부장으로 추천할 예정이야. 연봉도 30% 인상될 거고"라고 구체적인 수치까지 제시한다. 가족 관계에서는 "네가 의사가 되면 진짜 자랑스러울 거야"라며 사회적 인정까지 약속한다.

원칙2 새로운 희망을 던져라

상대방이 포기하려 할 때마다 절묘하게 새로운 희망을 제시한다. 이는 우연이 아니라 철저히 계산된 타이밍이다. 상대방의 심리 상태를 면밀히 관찰하다가, 한계점에 도달했을 때 "사실 더 좋은 기회가 생겼어"라며 업그레이드된 약속을 던진다. 사람은 작은 희망의 신호만으로도 쉽게 마음을 바꾼다.

"조금만 더 기다리면 나아진다"는 메시지는 현실적 근거가 없어도 사람들의 인내를 연장시키는 힘이 있다. 포기 직전에 던져지는 약속은 단순한 말이 아니라 생존 본능적으로 매달리게 되는 신호로 작동한다. 그렇기 때문에 상대방은 의심하면서도 끝내 그 약속을 붙들 수밖에 없다.

연인이 이별을 언급하려 할 때 "사실 반지도 이미 준비해뒀어. 다음 달에 프러포즈하려고 했는데"라고 말한다. 직원이 이직을 고려할 때 "사실 대표님이 너에 대해 좋게 얘기하더라. 곧 큰 발표가 있을 예정이야"라고 귀띔한다. 이런 타이밍의 약속은 상대방의 결심을 완전히 무너뜨린다. 가장 교묘한 것은 약속의 스케일을 점차 키워가는 것이다. 처음 약속이 의심받기 시작하면 "그것보다 더 좋은 기회가 생겼어"라며 더 큰 당근을 제시한다. 상대방은 이미 투자한 것이 아까워 더 큰 허상에 매달리게 된다.

원칙3 상황 탓을 하라

희망 고문의 약속은 사실 지킬 수 없는 약속이다. 이 부분을 처음부터 인식하고, 그다음을 준비해두어야 한다. 약속이 지켜지지 않았을 때는 절대 자신의 탓이 아니라 외부 상황 탓으로 돌린다. "회사 사정이 갑자기 바뀌었어", "경제가 안 좋아져서", "부모님이 반대하셔서"라는 식으로 불가항력적인 요인을 내세운다. 조종자는 실패의 원인을 외부 환경으로 귀속시켜 스스로 책임을 면제받고, 동시에 상대방도 그 설명을 받아들이도록 유도한다. 피해자는 "정말 어쩔 수 없는 상황이었구나"라고 믿게 되고, 결과적으로 신뢰를 거두기보다 계속 기대를 걸게 된다.

희망 고문을 당하는 상대방까지 책임의 일부로 만들 수 있다면 최고다. "네가 조금만 더 노력했다면 가능했을 텐데"라며 미묘하게 책임을 전가한다. 이렇게 되면 상대방은 자신을 탓하게 되고, 조종자에 대한 원망보다는 자책감이 더 커지고, 피해자는 스스로 부족했다는 불안감 때문에 조종자에게 더 순응하게 된다.

약속 불이행 후에는 즉시 두 번째 원칙과 결합시켜 새로운 약속을 던져 주의를 돌린다. "이번에는 상황이 달라. 더 확실한 기회가 생겼어"라는 말은 기존의 불만을 덮고 새로운 기대를 강화한다. 이는 실패 경험을 '일시적 외부 요인 탓'으로 무력화시키는 동시에, 미래에 대한 환상을 부풀려 과거의 거짓말마저 합리화하게 만든다. 이렇게 되면 상대방은 점점 더 판단력을 잃고, 조종자가 던지는 다음 약속에 매달릴 수밖에 없게 된다.

쉽게 볼 수 있는 희망 고문 전략

연애 관계에서는 결혼, 동거, 아이 등 인생의 중요한 이정표들을 미끼로 사용한다. "경제적 기반이 생기면 바로 결혼하자" 하고 약속하지만, 실제로 경제적 여건이 나아져도 "아직 더 안정적이어야 해"라며 목표점을 옮긴다. 10년을 기다려도 결혼은 항상 내년 혹은 내후년에 있다. 가족 관계에서는 자유와 인정을 미끼로 한다. 대학만 졸업하면, 취업만 하면, 결혼만 하면 자유롭게 해주겠다고 약속하지만, 각 단계가 달성될 때마다 새로운 조건이 등장한다. 부모의 인정과 사랑은 항상 다음 성취를 조건으로 한다.

내일이라는 감옥에 상대를 가두어라.

직장에서는 승진, 연봉 인상, 더 좋은 포지션 등을 약속한다. "이번 프로젝트만 성공하면 팀장으로 승진", "회사가 상장되면 스톡옵션으로 부자가 될 거야"라는 말로 직원들의 무한 헌신을 유도한다. 하지만 그 조건들이 달성되어도 새로운 조건이 추가된다. 사업 관계에서는 투자 수익이나 사업 성공을 약속한다. "6개월만 투자하면 원금의 세 배", "이 사업 아이템은 대박 날 거야"라며 현재의 손실을 미래의 이익으로 상쇄하려 한다. 투자자들은 이미 잃은 돈이 아까워 계속 추가 투자를 하게 된다.

정치적 관계에서는 사회 변화나 정책 실현을 약속한다. "다음 임기에는 반드시", "조건이 갖춰지면 즉시"라는 말로 지지자들의 인내를 요구한다. 선거 때마다 같은 공약이 반복되지만 실현되는 것은 거의 없다.

희망 고문 전략의 함정과 한계

미래 약속 조작의 가장 큰 위험은 상대방이 완전히 깨어났을 때의 폭발적 반발이다. 속았다는 것을 깨달은 순간 축적된 분노와 배신감이 한꺼번에 터져나온다. 이는 관계의 완전한 파괴뿐만 아니라 법적, 사회적 제재로도 이어질 수 있다. 또한 거짓 약속의 패턴이 반복되면 신빙성이 떨어진다. 상대방이 과거의 약속들을 되돌아보며 패턴을 파악하게 되면 새로운 약속도 의심받게 된다. 특히 구체적인 증거나 행동이 뒷받침되지 않는 약속은 금세 허상임이 드러난다. 무엇보다 미래 약속에만 의존하는 관계는 지속 가능하지 않다. 현재의 만족이나 실질적 혜택이 없으면 상대방은 결국 다른 대안을 찾게 된다. 젊은 시절의 시간과 기회를 빼앗긴 피해자들의 복수심은 상상 이상으로 강력하다.

희망 고문 전략을 이용하는 사람의 말버릇

◆ 구체적인 시점을 제시하며 미룬다
- → "6개월만 더 기다려봐"
- → "내년 봄에는 확실히 할게"
- → "이번 여름 휴가 때 발표할 예정이야"

◆ 현재 상황을 미래로 정당화한다
- → "지금은 힘들지만 나중에는 달라질 거야"
- → "이번만 넘기면 다 좋아질 거야"
- → "조금만 더 참으면 보상받을 거야"

◆ 약속 불이행 시 변명하며 상황을 탓한다
- → "상황이 예상과 달라졌어"
- → "조금만 더 기다려줘, 거의 다 왔어"
- → "이번에는 정말 확실해"

희망 고문 전략 체크리스트

■ 현재의 불만이 최고조에 달했을 때 매력적인 미래 제시

■ 약속에 구체적인 시점과 세부사항 포함하여 신빙성 증대

■ 약속 불이행 시 외부 상황을 탓하며 새로운 약속 제시

■ 약속이 반복적으로 지켜지지 않으면 신뢰 붕괴와 강한 반발 위험

"탈출구가 없다고
밑게 하라"

5부 유지와 강화의 기술

반복시켜 길들여라

행동 반복 강화의 힘

매일 오후 5시 30분, 퇴근 준비를 하려는 순간 상사가 부른다. 처음에는 진짜 급한 업무 때문이었다. 하지만 이제는 개인 심부름, 가족 행사 준비, 주말 개인 업무까지 시킨다. 언제부터인가 당신은 거부감 없이 그 부름에 응답하고 있다. 조종의 완성은 바로 이 순간이다. 저항도, 의문도, 심지어 의식조차 없이 조종자가 원하는 대로 움직이는 상태.

조종은 일회성 사건이 아니다. 진짜 무서운 조종은 상대방이 스스로 원한다고 생각하면서 행동하게 만드는 것이다. 행동 반복 강화는 특정 행동을 반복시켜 상대방의 기본 습관이 되도록 설정하는 조종 기법이다. 파블로프의 개가 종소리만 들어도 침을 흘렸듯이, **인간도 반복된 자극과 반응을 통해 조건화된다.** 가장 섬뜩한 점은 이 과정을 너무나 자연스럽게 진행하면 피해자가 전혀 눈치채지 못할 수 있다는 것이다.

연인이 매번 데이트 비용을 요구하는 상황을 생각해보자. '이번에만 그렇겠지' 하고 생각했지만 점차 빈도가 늘어난다. 처음엔 부담스러웠지만, 몇 달 후에는 데이트 비용은 당연히 내가 내는 것이 된다. 조작된 상대방은 이를 사랑의 표현이라고 착각하기까지 하지만, 의식적으로 선택한 것이 아니라 조건화된 반응이다.

반복된 행동을 하여 습관이 되면, 상대는 판단력을 완전히 잃는다. 반복된 행동은 뇌에서 자동화 처리되어 의식적 검토 과정을 거치지 않는다. 상대방은 "왜 내가 이런 일을 하고 있지?"라는 질문 자체를 하지 않게 된다. 나는 지금 누군가를 조건화시키고 있는가? 내가 반복적으로 요구하는 것들이 상대방에게 정말 도움이 되는가? 상대방이 내 요구를 자연스럽게 받아들인다고 해서, 그것이 진심으로 동의하는 것일까?

원칙1 기본 습관으로 만들어주라

행동 반복 강화의 최종 목표는 상대방이 조종자 없이도 기대되는 행동을 자동으로 하게 만드는 것이다. 이는 조종자에게는 최고의 성과다. 에너지를 들이지 않고도 원하는 결과를 지속해서 얻을 수 있기 때문이다. 심리학 연구에서도 반복된 행동은 뇌의 인지적 저항을 줄이고 기저핵 basal ganglia 에 저장되어 습관으로 자동화된다는 것이 밝혀졌다. 처음에는 의식적인 선택처럼 보이지만, 시간이 지나면 "생각하지 않아도 저절로 하는 행동"이 된다.

이 자동화는 습관 루프 habit loop 로 설명된다. 특정한 신호가 주어지면, 정해진 반복 행동이 자동으로 따라오고, 그 결과 얻는 보상이 뇌에 각인된다. 예를 들어, 상사가 매주 월요일 아침마다 "주말에 뭐 했어?"라고 물어보는 것이 신호가 된다. 처음에는 단순한 대답이지만, 점차 매번 자신의 사생활을 상세히 보고하는 것이 반복 행동으로 굳어진다. 이때 상사가 "역시 성실하네"라며 칭찬하는 것이 보상으로 작용한다. 이렇게 반복되면 '주말 보고는 당연한 일'이라는 습관이 자리 잡는다.

가장 강한 사슬은 보이지 않는 사슬이다.

연인 관계에서도 비슷하다. 매일 밤 "오늘 누구랑 뭐 했어?"라는 질문이 신호가 되고, 대답하는 것이 반복 행동, 그리고 "역시 솔직하네"라는 반응이 보상으로 주어진다. 시간이 흐르면 상대방은 감시와 통제를 '사랑의 표현'으로 착각하며 스스로 보고하지 않으면 불안해하기까지 한다. 가족 관계에서도 "가족 일은 당연히 도와야지"라는 말이 신호가 되고, 집안일을 돕는 행동이 루틴이 되며, "역시 착하다"라는 보상이 주어진다. 결국 자녀는 성인이 되어서도 부모의 요구를 거절하지 못하는 기본값을 갖게 된다.

원칙2 작은 것에서 시작하라

한번에 큰 요구를 하면 강한 저항을 받는다. 대신 작은 것부터 시작해서 단계적으로 확대해간다. 마치 냄비 속 개구리처럼, 서서히 온도가 올라가는 것을 느끼지 못하고 결국 익어버리게 만들어야 한다. 앞서 살펴봤던 문전 걸치기 기법의 다른 응용법이다.

첫 단계에서는 거부하기 어려운 합리적인 요구를 한다. "회의 자료 좀 정리해줄 수 있어?"와 같은 업무 관련 부탁부터 시작한다. 상대방이 거절할 이유가 없는 요청들이다. 이때 거절하면 "이 정도도 안 도와줘?"라며 비합리적인 사람으로 만든다. 두 번째 단계에서는 개인적인 부탁을 섞어 넣는다. "점심 때 은행 좀 다녀와줄 수 있어?"라는 식으로 업무와 사적인 일의 경계를 흐린다. 상대방은 이미 첫 번째 요구를 들어준 상태이므로 일관성을 유지하려 한다.

세 번째 단계에서는 본격적인 착취가 시작된다. "주말에 집 이사 도와줄 수 있어?", "가족 행사에 같이 가줄래?"처럼 완전히 개인적인 일까지 요구한다. 이때 상대방은 이미 습관화되어 거절하기 어려운 상태가 된다. 거절하면 "평소에는 잘 도와줬는데 갑자기 왜 그래?"라며 일관성을 공격한다.

원칙3 그럴 듯한 이유를 던져주라

단순한 반복만으로는 한계가 있다. 상대방이 자신의 행동을 합리화할 수 있는 이유를 제공해야 한다. "이것은 성장을 위한 것", "관계 발전을 위한 것", "팀을 위한 것"이라는 긍정적 의미를 부여한다. 이렇게 되면 상대방은 조종당한다고 느끼지 않고, 오히려 의미 있는 일을 한다고 믿게 된다. 이런 조작은 쉽게 통한다. 왜냐하면 그들이 이유를 기다리고 있기 때문이다.

말이 안 되는 상황일수록,
말이 안 되는 핑계가 통한다.

심리학에서는 이것을 내적 정당화 internal justification 라고 부른다. 페스팅거와 칼스미스라는 연구자들의 실험 결과를 살펴보면 알 수 있다. 참가자들은 1시간 동안 지루하고 반복적인 작업을 한 뒤, 다음 참가자에게 "이 작업은 아주 재미있다"고 거짓말해 달라는 요청을 받았다. 한 그룹은 그 대가로 20달러를, 다른 그룹은 고작 1달러를 받았다. 이후 솔직한 심정을 묻자, 20달러를 받은 그룹은 "돈 때문에 거짓말을 했다"고 쉽게 대답했다. 그러나 1달러를 받은 그룹은 외적 보상이 부족했기 때문에 강한 인지부조화를 경험했다. 그 불편함을 해소하기 위해 스스로를 설득하며 "사실 작업이 꽤 재미있었다"고 태도를 바꾸었다. 즉, **보상이 적을수록 사람은 스스로 의미를 만들어내어 행동을 합리화한다.**

다크 심리학에서는 바로 이 메커니즘을 이용한다. 직장의 상사는 "너를 더 성장시키기 위해서"라는 이유를 던져준다. 직원은 착취당하는 것이 아니라 성장 기회를 얻는다고 믿게 된다. 야근과 주말 근무도 빠른 성장을 위한 투자라고 받아들인다.

연인 관계에서는 "우리 관계를 위해서"라는 프레임도 강력하다. 상대방의 친구들과의 만남을 제한하면서 "우리 둘만의 시간이 더 소중해"라고 말한다. 상대방은 고립되는 것이 아니라 더 깊은 사랑을 나누는 것이라고 믿는다. 점차 사회적 관계가 차단되어도 이를 관계의 발전으로 해석한다. "가족을 위해서"라는 프레임은 가장 강력하다. 성인 자녀가 부모의 모든 요구를 들어주는 것을 효도라고 포장한다. 자신의 꿈과 목표를 포기하면서도 가족이 우선이라고 합리화한다. 부모의 조종을 가족 사랑으로 해석하며 평생 벗어나지 못한다.

쉽게 볼 수 있는 행동 반복 강화 전략

세 원칙을 혼합하면 행동 반복 강화 전략을 잘 주입해줄 수 있다. 한 대학 연구실이 있다고 해보자. 지도교수가 매주 세미나 전 "지난주 읽은 논문을 짧게 요약해 보라"고 학생들에게 요구한다. 처음에는 간단한 발표였지만, 어느새 매주 꼬박꼬박 보고서를 작성해 제출하는 것이 당연한 루틴이 된다. 학생들은 스스로 발전하고 있다고 믿지만, 사실은 연구실 운영에 필요한 잡무를 자동적으로 수행하도록 길들여진 것이다.

자유를 잃어버린 새는
새장이 집이라고 믿는다.

동호회나 종교 모임에서도 충분히 가능하다. 처음에는 모임 후 간단히 청소를 돕는 수준으로 시작한다. 이후 "다음 주엔 간식 좀 준비해 줄래?", "행사 때 사회를 맡아줄래?" 같은 요구로 단계가 커진다. 어느 순간 상대방은 단순한 참여자가 아니라 모임을 유지하는 데 필수적인 노동력을 제공하는 사람이 되어 있다. 스스로는 자발적 봉사라고 여기지만, 사실은 점진적 관여의 함정에 빠진 셈이다. 그리고 매 행사가 열릴 때마다 그는 알아서 쌓여가는 업무들을 담당하게 될 것이다.

신입사원에게도 이런 일은 벌어질 수 있다. 처음에는 상사가 "내일 회의 자료 복사 좀 해줄래?"라고 간단한 일을 부탁한다. 그다음 주에는 "회의실 예약도 같이 맡아줄래?"라는 요청이 추가된다. 어느새 그 신입은 회의가 있을 때마다 자연스럽게 복사, 예약, 준비를 모두 담당하는 사람이 된다. 본인은 팀을 위해 기여하고 있다고 생각하지만, 사실은 상사의 반복된 요구에 조건화된 것이다. 이제 상사가 말하지 않아도 스스로 그 일을 해야 한다는 압박을 느끼며, 마치 자기 역할인 것처럼 받아들이게 된다.

행동 반복 강화 전략의 함정과 한계

지나치게 급속한 행동 반복 강화 전략의 확대는 상대방의 저항을 불러일으킨다. 점진적 관여의 핵심은 속도 조절이다. 너무 빠르게 요구 수준을 높이면 상대방이 "뭔가 이상하다"고 느끼게 된다. 특히 주변 사람들이 비정상성을 지적할 경우 각

성할 위험이 있다. 무엇보다 습관화에만 의존하는 관계는 외부 변화에 취약하다. 상대방이 새로운 환경에 노출되거나 다른 관점을 접하게 되면 기존 습관을 재검토하게 된다. 건전한 관계 모델을 경험한 순간 조종 관계의 비정상성이 명확해진다. 한번 조종 구조가 노출되면 축적된 분노와 배신감이 한꺼번에 터져나온다. 이는 관계의 완전한 파괴뿐만 아니라 사회적, 법적 제재로도 이어질 수 있다.

반복 행동 강화를 이용하는 사람의 말버릇

◆ **반복적 요구를 당연시하며 정당화한다**
  - → "늘 그렇게 해왔잖아"
  - → "우리 관계에서는 원래 이래"
  - → "이게 우리 스타일이야"

◆ **작은 부탁에서 시작해 점점 요구를 키운다**
  - → "이번에만 도와줘"
  - → "간단한 부탁인데…"
  - → "이 정도는 할 수 있지?"

◆ **반복적인 부탁을 긍정적 의미로 포장한다**
  - → "이것도 경험이야"
  - → "너를 위한 거야"
  - → "우리 관계 발전을 위해서"

반복 행동 강화 전략 체크리스트

■ 작은 요구부터 시작해 점진적으로 범위와 강도 확대하기

■ 일정한 패턴과 주기로 반복해 습관화 유도하기

■ 상대방이 자발적으로 행동할 때까지 지속적으로 반복하기

■ 습관화 의도가 드러나면 강한 반발과 관계 파괴 위험에 유의하기

심리적인 감옥에 가두어라

떠날 수 없게 만드는 인지와 감정의 장벽

10년을 함께한 연인이 또다시 약속을 어겼다. 친구들은 모두 "이제 그만 헤어져"라고 말하지만, 당신은 고개를 젓는다. "10년이라는 시간을 그냥 버릴 수는 없어" 5년째 승진 약속만 받고 착취당하는 직장이지만 그만두지 못한다. "지금까지 쌓은 경력이 아까워" 성인이 되어서도 부모의 간섭과 통제를 벗어나지 못한다. "부모님이 나를 위해 얼마나 투자하셨는데" 이들은 모두 같은 감옥에 갇혀있다. 벽도 창살도 없는 보이지 않는 감옥에.

상대방이 스스로 감옥을 선택했다고 믿게 만들어야만 한다. 상대가 떠나지 못하도록 인지적·감정적 장벽을 만들어 의존을 강화하는 조종 기법이다. 이는 물리적 강제가 아닌 심리적 족쇄다. 떠나면 잃게 될 것들에 대한 두려움이 벽이 되고, 지금까지 투자한 것들에 대한 아까움이 족쇄가 된다.

가장 강한 감옥은 열쇠를 숨기지 않는다.
문의 존재를 잊게 만들어야 한다.

직장 상사가 부하직원에게 "너는 우리 회사에 맞는 맞춤형 인재야. 다른 곳에 가봤자 쓸모없을 거야"라고 말하는 순간을 생각해보자. 또는 "네가 지금 그만두면 지금까지 쌓은 경력이 의미 없어져"라며 두려움을 조성한다. 직원은 실제로는 더 나은 기회가 있음에도 불구하고 현재 위치에 안주하게 된다. 이는 합리적 판단이 아니라 조작된 두려움에 기반한 결정이다. 이런 심리적 감옥은 다층적으로 구성할 수 있다. 경제적 의존성뿐만 아니라 감정적, 사회적, 심지어 정체성까지 묶어버릴 수 있다. 상대방은 **관계를 떠나는 것이 단순히 한 사람을 잃는 것이 아니라 자신의 모든 것을 잃는 것처럼 느끼게 된다.**

심리적 감옥을 만드는 최종 목표는 상대방이 자신의 선택권을 포기하게 만드는 것이다. 떠날 생각 자체를 하지 않게 만드는 것이 가장 완벽한 통제다. 상대방은 불행하면서도 그 상태를 당연하게 받아들이게 된다. 나는 지금 누군가를 심리적으로 가두고 있지는 않은가? 상대방이 진정으로 나와 함께 있기를 원해서 머무르는 건가, 아니면 떠날 수 없어서 어쩔 수 없이 머무르는 건가? 내가 제공하는 것들이 상대방에게 도움이 되는 건가, 아니면 의존성을 만들기 위한 수단인가?

원칙1 매몰 비용 효과를 이용하라

이미 투자한 시간, 감정, 자원이 아깝다는 심리를 극대화한다. 매몰 비용 효과는 이미 투자한 자원이 아깝다는 이유로 비합리적인 결정을 지속하는 심리적 편향이다. 미국은 베트남 전쟁 초기, 공산주의 확산을 막는다는 명분으로 참전했다. 하지만 전쟁이 장기화되고 수많은 병력과 막대한 비용을 소모하면서 승산이 불투명해졌다. 그럼에도 불구하고 미국 정부는 철군하지 않고 오히려 병력을 증파했다. 이는 이미 투입된 시간, 희생된 병력, 천문학적인 전비가 아까워 지금 포기하면 그동안의 희생이 헛수고가 된다는 심리적 압박감에 사로잡혔기 때문이다. 이러한 비합리적인 판단은 매몰 비용 오류의 전형적인 사례다. 이 효과에 제대로 걸려 들면, **합리적인 결정을 내리지 못하고 손실을 지속하게 된다.**

이 편향을 의도적으로 자극해야 한다. 연인 관계에서는 "우리가 함께한 5년이라는 시간을 어떻게 버려?"라고 말한다. 상대방이 이별을 언급할 때마다 함께했던 추억과 투자한 시간을 강조한다. "다른 사람과 새로 시작하려면 얼마나 오래 걸릴까? 우리는 이미 서로를 다 알고 있는데"라며 새로운 관계의 비효율성을 부각시킨다.

직장에서는 "네가 우리 회사에서 배운 모든 노하우가 있잖아. 다른 곳에 가서 처음부터 시작할 거야?"라고 말한다. 특히 회사 고유의 시스템이나 기술을 강조하여 "여기서만 쌓을 수 있는 경력"이라고 포장한다. 퇴사를 고려하는 직원에게는 "지금까지 투자한 교육비랑 시간이 다 날아가는 거야"라며 손실 감정을 자극한다. 가족 관계에서는 "내가 너 키우느라 얼마나 많은 것을 포기했는데"라며 부모의 희생을 강조한다. 경제적 투자뿐만 아니라 감정적 투자까지 포함한다. "대학 등

록금만 해도 얼마인데, 지금 독립한다고? 그럼 그 돈은 다 의미없어지는 거네"라며 죄책감을 극대화한다.

원칙2 전환 비용을 높여라

상대방이 다른 선택을 하려면 엄청난 노력과 비용이 필요하다고 믿게 만든다. 전환 비용을 인위적으로 높여서 현재 상황에서 벗어나는 것이 불가능하다고 느끼게 한다. 이런 전환 비용의 원리는 소비자가 기존 제품이나 서비스에서 새로운 것으로 바꿀 때 발생하는 모든 부담을 의미하며, 이는 단순히 돈뿐만 아니라 시간, 노력, 심리적 불편함까지 포함한다. 전환 비용은 소비자의 행동을 묶어두는 강력한 요인으로 작용한다. 예를 들어, 특정 스마트폰 운영체제를 오래 사용한 사용자는 이미 익숙한 사용법, 구매한 앱, 쌓아둔 데이터를 포기하기 어렵다. 또한, 넷플릭스 같은 구독 서비스는 사용자의 시청 기록과 취향을 기반으로 한 맞춤형 추천을 제공하는데, 다른 서비스로 옮기면 이러한 개인화된 경험을 잃게 되어 이탈하기 어렵다. 이는 소비자가 덜 만족하더라도 기존의 것을 유지하게 만드는 중요한 경제적, 심리적 요인이 된다.

이런 원리를 인간관계에 그대로 써먹는 것이다. 예를 들면, 경제적 전환 비용을 높이는 방법도 있다. 연인이 상대방의 모든 경제적 결정에 개입하여 완전한 의존 상태를 만든다. 신용카드, 대출, 통장까지 공동으로 관리하게 하여 혼자서는 경제활동이 불가능하게 만든다. "이제 와서 어떻게 혼자 살아? 집세도 내야 하고, 생활비도 마련해야 하는데"라며 독립의 어려움을 강조한다.

낮은 전환 비용은 불편을 낳고,
높은 전환 비용은 두려움을 낳는다.

사회적 전환 비용도 높여둘 수 있다면 좋다. 상대방의 친구들과 모두 친해져서 이별하면 사회적 관계망 전체를 잃게 만든다. 또한 상대방의 가족들과도 깊은 관계를 맺어 "가족들도 다 나를 좋아하는데, 헤어지면 어색해질 거야"라는 압박을 가한다. 회사에서는 직원의 모든 네트워킹을 회사 내부로 제한하여 외부 기회를 차단한다. 정보적 전환 비용을 만드는 것도 중요하다. 상대방이 다른 선택지에 대한 정보를 얻지 못하게 차단한다. "다른 회사 사정을 네가 뭘 아냐? 여기보다 나은 곳은 없어"라며 외부 정보를 폄하한다. 실제로는 더 좋은 기회가 있어도 그 정보에 접근하지 못하게 만든다.

원칙3 희망 관리를 병행하라

완전히 절망하게 만들면 상대방이 관계를 포기할 수 있다. 따라서 적절한 수준의 희망을 유지시켜 떠나기도 머물기도 애매한 상태를 만든다. 이것이 가장 교묘한 부분이다. 변화의 가능성을 지속적으로 암시해야 한다. "조금만 더 기다리면 달라질 거야", "나도 변하려고 노력하고 있어"라며 희망의 끈을 놓지 않게 한다. 하지만 실제 변화는 최소한에 그친다. 작은 변화를 크게 과장하여 "봐, 내가 변하고 있잖아"라며 기대감을 유지시킨다.

조건부 희망을 제시하는 것도 효과적이다. "네가 조금만 더 참아주면", "상황이 좀 더 나아지면"이라는 식으로 희망에 조건을 건다. 이렇게 되면 상대방은 그 조건이 충족되기를 기다리며 현재 상황을 참게 된다. 조건이 충족되어도 새로운 조건이 추가되는 것은 물론이다. 미래의 보상을 구체적으로 그려준다. "내년에는 정말 결혼하자", "회사가 안정되면 너에게 더 잘해줄게"라며 구체적인 시점과 내용을 제시한다. 하지만 그 시점이 되면 또 다른 이유로 연기된다. 상대방은 계속해서 "거의 다 왔다"는 착각에 빠져 포기하지 못한다. 더 자세한 내용은 4부의 내용을 참고하면 좋다.

쉽게 볼 수 있는 심리적 감옥 전략

연애를 하는 경우라면 경제적, 감정적, 사회적 모든 영역에서 의존성을 만든다. 상대방의 모든 인간관계를 자신과 연결시키고, 경제적으로도 완전히 의존하게 만든다. 이별하면 집도 없고, 친구도 없고, 돈도 없는 상태가 될 것이라는 두려움을 심는다. 동시에 우리가 정말 사랑하니까 이렇게 하나가 된 거야라며 로맨틱하게 포장한다. 상대방이 이별을 고민할 때마다 "우리가 함께한 세월이 아깝잖아"라는 말을 반복한다. 연인은 실제로는 행복하지 않더라도 '그동안의 시간과 추억을 버릴 수 없다'는 심리적 압박에 갇혀 관계를 지속한다.

직장에서는 특정 기술이나 시스템에 과도하게 의존하게 만든다. 다른 곳에서는 쓰이지 않는 독특한 업무 방식을 강요하고, 외부 교육이나 네트워킹을 차단한다. 우리 회사만의 독특한 노하우라고 포장하지만 실제로는 직원을 가두기 위한 수단이다. 퇴사를 고려하면 다른 회사에서는 네 경력이 인정받지 못할 거야라며 불안을 조성한다. 사업 관계에서는 초기 투자를 크게 요구한 후 "이미 이만큼 투자했으니 끝까지 가야지"라며 매몰비용 함정에 빠뜨린다. 사업이 어려워져도 "조금만 더 투자하면 대박 날 거야"라며 희망을 유지시켜 계속 돈을 빼낸다. 빠져나가려 하면 지금까지 투자한 게 다 날아가는 것이라며 손실에 대한 공포를 자극한다.

종교나 이념 집단에서는 입문 과정에서 상당한 시간과 노력을 투자하게 한 후, "지금까지의 수행이 헛되지 않게 하려면"이라며 매몰비용을 강조한다. 탈퇴자들에 대한 부정적 사례를 과장하여 나간 사람들은 모두 불행해졌다며 공포를 조성한다. 동시에 더 높은 깨달음을 약속하며 희망을 유지시키면 된다.

심리적 감옥 만들기의 함정과 한계

이 전략이 실패하여 상대방이 완전히 절망에 빠지게 되면, 즉 희망 관리를 잘못하면 상대방이 "잃을 게 없다"는 상태에 이르러 예측 불가능한 행동을 할 수 있다. 조작자에게도 치명적이다. 또한 외부의 개입이나 새로운 정보 유입으로 구조가 한순간에 무너질 수 있다. 상대방이 객관적인 조언을 듣거나 비슷한 경험을 한 사람을 만나면 자신의 상황을 재평가하게 된다. 특히 법적, 사회적 지원 시스템을 알게 되면 전환 비용이 생각보다 낮다는 것을 깨달을 수 있다.

무엇보다 지나치게 강한 락인은 상대방의 정신 건강을 심각하게 해칠 수 있다. 우울증, 불안장애, 자존감 저하 등이 나타나면 생산성이 떨어지고 조종자에게도 득이 되지 않는다. 적절한 수준의 통제와 희망 유지가 핵심이다.

심리적 감옥 만들기 전략을 이용하는 사람의 말버릇

◆ **과거의 투자와 노력을 상기시키며 압박한다**
  → "우리가 함께한 시간들을 생각해봐"
  → "지금까지 투자한 게 얼마인데"
  → "이 모든 걸 그냥 버릴 거야?"

◆ **이탈 비용을 과장해 두려움을 심어준다**
  → "다른 곳에 가봤자 적응하기 어려울 거야"
  → "네가 나가면 모든 걸 잃게 될 거야"
  → "혼자서는 절대 살 수 없어"

◆ **다른 대안을 깎아내리며 선택지를 차단한다**
  → "다른 사람들은 너를 이해하지 못해"
  → "여기서만 가능한 거야"
  → "밖은 네가 생각하는 것만큼 좋지 않아"

심리적 감옥 만들기 전략 체크리스트

■ 상대방의 시간·감정·자원 투자를 지속적으로 요구하기

■ 이탈 시 발생할 경제적·사회적·정서적 비용을 과장하기

■ 대안의 가치나 가능성을 지속적으로 폄하하기

■ 과도한 락인은 절망과 급작스러운 이탈로 이어질 수 있음에 주의하기

구원자 행세를 하라

구원자 행세와 의존성

신입사원이 중요한 발표에서 망신을 당했다. 동료가 일부러 잘못된 자료를 건네준 것도 모르고. 절망에 빠진 그에게 바로 그 동료가 다가온다. "괜찮아, 내가 도와줄게. 나만 믿어" 며칠 후 그 동료 덕분에 상황이 해결되자, 신입사원은 그를 생명의 은인처럼 여긴다. 한 달 뒤, 또 다른 '실수'가 일어나고 같은 패턴이 반복된다. 피해자는 여전히 모른다. 자신을 구해주는 사람이 바로 자신을 위험에 빠뜨리는 장본인이라는 것을.

가장 완벽한 조종은 상대방이 조종자를 구원자로 여기게 만드는 것이다. 갈등을 만들거나 위기를 조성한 뒤, 자신이 그 문제를 해결하는 인물로 등장하라. 위기 상황에서 도움을 받은 경험은 상대방은 강렬한 인상을 받게 되고, 이것이 반복되면 조작자에게 강하게 의존하게 된다.

가장 완벽한 감옥은
간수가 구원자인 척하는 곳이다.

이 원리는 개인적 관계뿐 아니라 정치나 역사 속에서도 살펴볼 수 있다. 예를 들어, 아르헨티나와 영국 간에 일어난 포클랜드 전쟁이 있다. 1982년, 아르헨티나는 내부적으로 심각한 경제 위기와 국민적 불만으로 정권이 불안정했다. 당시 아르헨티나 군사정부는 영국령 포클랜드 제도를 침공하며 영토 분쟁을 일으켰다. 즉 의도적으로 다른 나라와의 갈등을 증폭시킨 것이다. 그리고 이 전쟁을 성공적으로 이끌 수 있는 것은 자신들 뿐이라고 대대적으로 선전했다. 이 군사 행동은 군사정부에 대한 지지율을 급등시키는 효과를 낳았다. 스스로 갈등 상황을 만든 뒤, 해결자로 등장한 것이다.

사업에서도 비슷한 전략이 쓰인다. 일부 기업은 의도적으로 공급 차질이나 문제 상황을 조성한 뒤, 곧바로 "우리가 해결책을 마련했다"고 나서면서 고객을 붙잡는다. 예컨대 특정 소프트웨어 회사가 업데이트 과정에서 오류를 방치하거나 의도적으로 호환성을 제한한 뒤, 곧이어 유료 패치를 내놓으며 문제를 해결하는 구원자로 등장하는 방식이다. 고객은 불편과 불안을 겪은 직후 해결책을 제시받으면서 오히려 기업에 대한 충성도를 높이게 된다. 문제를 만든 주체와 해결자가 동일하다는 사실을 알아채지 못한 채 말이다.

그런데 진짜 무서운 점은 이런 위기와 해결의 사이클이 중독성을 갖는다는 것이다. 상대방은 평온한 상태보다 위기 후 해결되는 순간의 안도감에 더 강하게 끌리게 된다. 마치 마약처럼 그 강렬한 감정적 변화에 의존하게 되는 것이다. 관계 리셋 전략의 최종 목표는 상대방이 조종자를 유일한 안전지대로 인식하게 만드는 것이다. 문제를 만들고 해결하는 사람이 같다는 사실을 깨닫지 못하게 하면서, 조종자 없이는 살 수 없다고 믿게 만드는 것이다.

원칙1 의도적으로 위기를 조성하라

평온한 상태에서는 구원자가 필요하지 않다. 따라서 먼저 상대방을 위기 상황에 몰아넣어야 한다. 중요한 것은 그 위기가 자연스럽게 발생한 것처럼 보여야 한다는 점이다. 조종자의 개입이 드러나면 전체 전략이 무너진다. 직장에서는 상대방이 실수할 수밖에 없는 상황을 만든다. 잘못된 정보를 슬쩍 건네주거나, 중요한 정보를 의도적으로 누락시킨다. 또는 상사에게 상대방의 사소한 실수를 과장해서 보고하여 질책을 받게 만든다. 물론 여기에서 자신이 개입되어 있다는 사실을 철저히 숨겨야 한다.

연애 관계에서는 상대방의 불안과 질투를 자극한다. 다른 이성과의 만남을 의도적으로 노출시키거나, 애매한 메시지를 흘린다. 상대방이 불안해하며 추궁하면 "오해야. 그냥 친구 사이야"라고 말하지만, 완전히 해명하지는 않는다. 이렇게 지속적인 불안 상태를 유지시킨다. 가족 관계에서는 자녀에게 과도한 기대와 압박을 가한다. 불가능한 수준의 성적이나 성과를 요구하여 좌절감을 조성한다. 또는 형제자매와 비교하여 열등감을 심어준다.

원칙2 구원자로 등장하라

위기가 최고조에 달했을 때, 즉 상대방이 절망에 빠져 있지만 아직 완전히 포기하지 않은 순간에 등장한다. 이때의 타이밍이 모든 것을 결정한다. 너무 빨리 나타나면 진정성이 의심받고, 너무 늦으면 상대방이 다른 해결책을 찾을 수 있다. "내가 도와줄게. 걱정하지 마"라며 전지전능한 구원자의 모습으로 등장한다. 이때 중요한 것은 완벽한 해결책을 제시하는 것이다. 상대방이 스스로 해결할 여지를 주지 않고, 오직 조종자만이 유일한 해결사라는 인상을 심어준다.

해결 과정에서는 상대방의 감사를 극대화한다. "저 사람이 아니었으면 어떻게 했을까?"라는 생각이 들도록 만들어야 한다. "이런 일은 나만 해결할 수 있어"라며 자신의 특별함을 강조한다. 상대방은 조종자에게 크나큰 빚을 졌다고 느끼게 된다. 해결 후에는 상대방의 취약함을 강조한다. "너는 너무 순수해서 세상 사람들이 이용하려고 해. 나만 널 진짜로 아껴"라는 등의 말로 외부 세계의 위험성을 부각시킨다. 이렇게 해서 상대방이 조종자만을 안전지대로 인식하게 만든다.

원칙3 반복 사이클로 만들어라

한 번의 위기와 해결로는 충분하지 않다. 이 패턴을 지속적으로 반복해야 진정한 의존성이 만들어진다. 하지만 같은 방식을 반복하면 패턴이 노출될 위험이 있으므로, 위기의 종류와 강도를 변화시켜야 한다. 주기적으로 새로운 위기를 조성한다. 이전 위기가 해결되고 상대방이 안정감을 느낄 때쯤 다음 위기를 준비한다. "요즘 회사 분위기가 이상해. 너한테 불리한 소문이 돌고 있어"라며 새로운 불안 요소를 제공한다. 상대방은 또다시 조종자의 도움을 필요로 하게 된다. 위기의 강도를 점진적으로 높여간다. 처음에는 작은 문제였지만, 시간이 지날수록 더 큰 위기를 조성한다. 상대방의 내성이 생기는 것을 방지하고, 더 강한 의존성을 만들기 위해서다. 동시에 해결책도 더 극적이고 인상적으로 만든다.

각 사이클마다 **함께 어려움을 극복했음을 강조하고, 관계가 더 깊어졌음을 암시하라.** 상대방은 과거의 문제들을 잊고 미래에 대한 희망에 집중하게 된다. 하지만 근본적인 문제 구조는 전혀 바뀌지 않았기 때문에 같은 패턴이 반복될 수밖에 없다.

구원자 행세의 관계별 적용 사례

직장에서는 상사가 부하직원에게 불가능한 프로젝트를 할당한 후, 실패하게 만든다. 직원이 절망에 빠져 있을 때 "내가 책임지고 해결해줄게"라며 나서서 상황을 수습한다. 직원은 상사를 자신의 구원자로 여기며 무한 충성을 바친다. 이후 비슷한 패턴이 반복되면서 완전한 종속 관계가 형성된다.

'나만 믿어'라고 말했다면,
이미 속임수는 시작된 것이다.

정치적 관계에서는 지도자가 사회 불안을 과장하거나 위기를 조성한 후, 자신만이 그 문제를 해결할 수 있다고 주장한다. 국민들은 불안에 떨다가 그 정치인의 '해결책'에 매달리게 된다. 실제로는 그 위기 자체가 정치적 목적으로 과장되거나 조작된 것이지만, 국민들은 그것을 깨닫지 못한다. 종교나 이념 집단에서는 지도자가 "외부 세계의 위험"을 강조하며 신도들의 불안을 조성한 후, 집단 내에서만 안전을 보장한다고 약속한다. 신도들은 바깥세상에 대한 두려움과 집단에 대한 의존을 동시에 갖게 된다. 이는 건전한 종교적 위안이 아니라 조작된 불안을 통한 통제다.

구원자 행세의 함정과 한계

위기 조성이 너무 노골적이거나 반복적일 경우 패턴이 노출될 수 있다. 상대방이나 주변 사람들이 이상하게 그 사람 주변에만 문제가 생긴다는 것을 눈치채면 전체 전략이 무너진다. 특히 같은 방식의 위기가 반복되면 의심받기 쉽다. 또한 위기의 강도 조절을 잘못하면 관계 자체가 파괴될 수 있다. 너무 강한 위기는 상대방을 완전히 절망시켜 극단적 선택을 하게 만들 수 있다. 반대로 너무 약한 위기는 효과가 없어 의존성을 만들어내지 못한다. 절묘한 강도 조절이 핵심이다.

구원자 전략을 이용하는 사람의 말버릇

◆ **위기 상황에서 구원자로 등장한다**
  → "내가 도와줄게, 걱정하지 마"
  → "나만 믿어, 내가 해결해줄게"
  → "나 아니었으면 어떻게 했을까?"

◆ **갈등 후 화해를 주도하며 관계를 강화한다**
  → "우리가 이 어려움을 함께 극복했어"
  → "이제 더 강한 관계가 됐어"
  → "진짜 사랑은 이런 시련을 견뎌내는 거야"

◆ **의존성을 강조해 자신에게 묶어둔다**
  → "너는 나만 있으면 돼"
  → "나만이 널 진짜로 이해해"
  → "세상 사람들은 너를 이용하려고 해"

구원자 전략 체크리스트

■ 의도적으로 작은 갈등이나 문제 상황을 조성하기

■ 상대방이 절망할 때까지 기다린 후 해결자로 등장하기

■ 위기 해결 후 서로 깊어진 사이를 확인하는 자리를 만들기

■ 과도하거나 반복적인 위기 조성은 패턴 노출과 신뢰 붕괴 위험에 유의

정보를 차단하라

정보를 통제하면 관점을 독점한다

5년째 같은 회사에 다니는 당신은 다른 회사 얘기만 나와도 동료들이 눈치를 준다는 것을 깨달았다. "여기서는 그런 말 하지 마. 상사가 싫어해" 처음에는 단순한 조직 문화라고 생각했다. 하지만 이제는 업계 동향이나 이직 정보에 대해 아는 것이 전혀 없다. 상사는 "다른 회사들은 모두 문제가 많아. 우리가 최고야"라고 말한다. 과연 정말 그럴까? 확인할 방법이 없다. 그럴 생각조차 들지 않는다.

가장 완벽한 감옥은 벽이 아니라 보이지 않는 경계로 만들어진다. 외부 정보를 차단하거나 왜곡하여 상대가 다른 가능성을 떠올리지 못하게 만드는 것도 조종 기법이다. 인간은 사실보다 해석을 통해 세상을 이해한다. 따라서 누가 정보를 제공하고 어떤 관점으로 해석하는지가 권력을 결정한다. 조종자는 이 지점을 정확히 공략한다.

연인이 상대방의 친구들을 안 좋은 영향을 주는 사람들이라며 멀어지게 만드는 상황을 떠올려보자. 가족과의 연락도 우리 관계를 이해하지 못한다며 차단한다. 결국 상대방은 외부와의 연결고리를 모두 잃고 오직 조종자의 말만 듣게 된다. 이때 조종자가 제공하는 정보와 해석만이 상대방에게는 유일한 현실이 된다.

진실을 독점하려는 자는 거짓말쟁이다.

이런 정보 통제는 점진적으로 이뤄진다는 것이다. 처음에는 "이 사람들은 신뢰할 수 없어"라며 특정 정보원만 차단한다. 하지만 점차 차단의 범위가 넓어져서 결국에는 조종자가 승인하지 않은 모든 정보가 "거짓이거나 위험한 것"으로 분류된다. 나는 지금 누군가가 다양한 정보에 접근할 수 있도록 돕고 있는가, 아니면 내가 원하는 정보만 제공하고 있는가? 상대방이 다른 의견이나 관점을 제시할 때 나는 어떻게 반응하는가? 내가 "보호"한다는 명목으로 정보를 차단하고 있지는 않은가?

정보 통제의 최종 목표는 상대방의 비판적 사고 능력을 완전히 무력화하는 것이다. 상대방이 의문을 제기하는 것 자체를 불신이나 배신으로 여기게 만든다. 이렇게 되면 상대방은 진실을 알고 싶어도 그것을 요구하는 것 자체를 죄악으로 느끼게 된다.

원칙1 긍정적인 외부 정보를 차단하라

상대방이 현재 상황에 만족하지 못하게 만들 수 있는 모든 정보를 차단하는 것은 조종의 기본이다. 다른 회사의 성공 사례나 다른 연인의 행복한 모습, 더 나은 대안의 존재 같은 정보는 상대방이 지금의 관계에서 벗어날 가능성을 키우기 때문이다. 하지만 중요한 점은 "그만 알아봐"라며 노골적으로 금지하는 것이 아니다. 가장 효과적인 방법은 따로 있다. **상대방 스스로 외부 정보가 무의미하다고 느끼게 만들어야만 한**

다. 그렇게 되면 차단은 강압이 아니라 습관처럼 작동한다.

이를 위해 조종자는 몇 가지 전략을 쓴다. 먼저 관심을 전환하는 방식이다. 상대가 외부 이야기를 꺼낼 때마다 대화를 다른 주제로 돌리거나 당장 시급해 보이는 일을 강조한다. 시간이 지나면 상대방은 외부 정보를 이야기하는 것 자체를 귀찮아한다. 또 다른 방법은 외부 정보를 가치 없는 것으로 만드는 것이다. "그건 과장된 거야", "현실적이지 않아"와 같은 말을 반복해서 주입하면, 상대방은 외부 소식을 접해도 진지하게 받아들이지 않는다. 기회를 미루게 하는 것도 자주 쓰이는 전략이다. 새로운 모임이나 세미나를 가겠다고 하면 "다음에 가자", "나중에 해도 돼"라고 흘려버려 시도를 지연시키는 것이다. 마지막으로는 외부 출처에 대한 불신을 심어주는 방법이 있다. "밖에서 들은 건 다 부정확해"라고 강조하다 보면, 결국 상대방은 가족이나 파트너, 직장 안의 목소리만 신뢰하게 된다.

이런 전략은 구체적 상황마다 다르게 적용된다. 직장에서는 "다른 회사 얘기는 하지 마. 여기 집중해야지"라며 업계 세미나나 네트워킹을 폄하하고, 이직 성공 사례를 '운이 좋았을 뿐'이라고 축소한다. 연인 관계에서는 "인스타그램은 다 가짜야"라는 식으로 비교 대상을 무효화해 상대방이 다른 가능성을 떠올리지 못하게 만든다. 가족 관계에서는 자녀가 학교나 친구에게서 들은 이야기를 "현실을 모르는 소리"라고 치부하며 외부의 목소리를 신뢰하지 못하게 한다. 이렇게 외부와의 연결고리를 하나씩 끊어내면, 결국 상대방은 점점 더 조종자만을 유일한 정보원으로 의지하게 된다.

원칙2 부정적 정보만을 인식시켜라

완전한 정보 차단은 의심을 불러올 수 있다. 따라서 외부 소식을 전부 막는 대신 부정적인 정보만 선별적으로 전달하는 것이 다크 심리학 고수의 정보 통제다. 정보 필터링이다. 핵심은 거짓을 만들어내지 않는 데 있다. 조작자는 언제나 사실만을 사용한다. 단지 긍정적 정보는 삭제하고, 부정적 사실만 확대하는 방식으로 상대방의 인식을 왜곡한다. 거짓이 섞이지 않으니 오히려 설득력은 더욱 강해진다.

편집된 진실은 거짓보다 더 치명적이다.

이를 위한 몇 가지 행동 전략이 있다. 먼저 상대가 스스로 정보를 접할 수 없게 만들고, 자신이 전달하는 부정적 소식만 보게 한다. 예컨대 "다른 회사도 요즘 다 힘들대"라는 말과 함께 해고, 파산, 임금 체불 같은 기사만 공유한다. 또 대안과 선택지를 축소해서 보여주는 전략도 있다. 상대가 "이직을 생각해볼까?"라고 하면, 주변 사례 중 실패담만 들려주면서 "봐, 저 사람도 갔다가 결국 돌아왔잖아"라고 반복 주입한다. 또 일상적 대화 속에 반복해서 부정적 정보를 흘리는 것이다. 대놓고 겁을 주는 대신, 평소 대화 중에 가볍게 던지는 방식으로 신뢰를 강화한다. "요즘 세상 진짜 위험하다더라" 같은 말이 무심히 반복되면, 그것이 진실처럼 각인된다.

이 전략이 강력한 이유는 인간이 본능적으로 손실 회피에 민감하기 때문이다. 동일한 양의 이득보다 손실을 더 크게 체감하는 성향이 있다. 따라서 조종자가 긍정적 대안을 보여주지 않고 위험 신호만 반복적으로 강조하면, 상대방은 새로운 선택에 나서는 것이 이득일 수 있다는 사실을 잊고, 현재 상황에 머무르는 것이 더 안전하다고 믿는다. 결국 피해자는 세상을 편향된 렌즈로 바라보게 된다. 새로운 기회는 언제나 위험하고, 관계를 벗어나려는 시도는 늘 실패로 끝나며, 지금 자리가 가장 안전하다는 인식이 굳어진다. 이렇게 부정적 정보만 걸러서 공급하는 행위는 상대방의 시야를 점점 좁혀, 마침내 조종자가 원하는 울타리 안에 스스로 갇히게 만든다.

원칙3 관점을 독점하라

같은 정보라도 누가 어떻게 해석하느냐에 따라 전혀 다른 의미가 된다. 남을 뜻대로 움직이려면 바로 이 해석하는 관점을 독점해야만 한다. 정보를 차단하지 못해 상대방이 외부에서 무언가를 알게 되더라도, 곧바로 "그건 사실 이런 의미야"라며 자신에게 유리한 시각으로 재구성해 준다. 시간이 지날수록 상대방은 사실 그 자체보다 조종자의 해석을 신뢰하게 되고, 결국 스스로 사고하지 못한 채 조종자의 틀 속에서만 세상을 바라보게 된다.

먼저 전문성이라는 권위를 앞세우면 효과적이다. 사람들은 스스로 판단하기보다는 전문가의 말에 더 쉽게 설득되기 때문이다. 경력, 학력, 경험을 강조하면 상대방은 비판적 사고를 멈추고 '저 사람 말이 맞겠지'라며 받아들이게 된다. "내가 이 업계에서 오래 일해봐서 아는데", "내가 경험이 많으니까 확실히 말할 수 있어"라는 식으로 해석의 자격을 독점한다. 상대방이 다른 의견을 내면 "네가 아직 경험이 부족해서 그렇다"라며 무효화해 버린다. 이렇게 되면 상대방은 점차 스스로 생각할 능력을 의심하고, 결국 조종자에게 의존할 수밖에 없게 된다.

단 하나만의 관점을 인정하라.

감정적 프레임을 덧입혀 사람이나 더 해석하는 관점이 강하게 들리도록 조작할 수도 있다. "내가 너를 아끼니까 진실을 알려주는 거야", "다른 사람들은 너에게 관심도 없지만 나는 다르다"라는 식으로 말한다. 자신의 해석이 단순한 의견이 아니라 '관심과 사랑에서 비롯된 조언'인 것처럼 포장하는 것이다. 이렇게 감정을 섞으면 논리적 비판을 어느 정도 막아낼 수 있는 정서적 유대를 형성할 수 있고, 상대는 그 관점을 거부하기가 더욱 어려워진다. 상대방이 의문을 제기하면 "내 마음도 몰라주네"라며 죄책감을 심어 반박할 기회를 봉쇄한다. 결국 해석을 거부하는 것은 곧 관계 자체를 거부하는 것처럼 느껴지게 만든다.

마지막으로, 조종자는 자신을 유일한 정보원으로 각인시킨다. "이런 건 나만 알고 있는 사실이야", "내가 아니면 누가 정확히 알려주겠어?"라는 말로 대체 불가능성을 심어준다. 상대방이 다른 사람에게 확인하려 하면, 곧바로 "그 사람들은 진실을 절대 말해주지 않을 거야"라며 불신을 조장한다. 이렇게 되면 외부 정보는 믿을 수 없는 거짓으로 치부되고, 조종자의 해석만이 안전하고 유일한 지침으로 자리 잡는다.

결국 관점의 독점은 단순한 정보 전달이 아니라, 현실 해석의 틀 자체를 장악하는 전략이다. 피해자는 점차 스스로 생각하고 판단하는 힘을 잃고, 조종자가 제공하는 시각을 통해서만 세상을 바라보게 된다. 이는 정보 차단보다 훨씬 은밀하면서도 강력한 조종의 형태다.

쉽게 볼 수 있는 정보 차단 사례

직장에서는 회사가 유일한 정보 공급원이 되도록 만든다. 외부 교육이나 세미나는 "시간 낭비"라고 폄하하고, 업계 네트워크 모임은 "쓸모없는 사교"라고 무시한다. 동료가 다른 회사의 좋은 소식을 전하려 하면 "운이 좋았을 뿐이야"라며 평가절하한다. 동시에 해고나 파산 소식 같은 부정적 사례만 확대하여 "밖은 더 힘들다"는 메시지를 주입한다. 점차 직원들은 외부 세계를 비교할 기회를 잃고, 회사가 주는 해석만을 현실로 받아들이게 된다.

연애 관계에서는 상대방이 주변 사람들과의 교류를 줄이도록 만든다. 친구들의 조언은 "질투에서 나온 말"이라고 치부하고, 가족의 걱정은 "우리 관계를 이해하지 못해서"라는 말로 무력화한다. SNS 속 다른 커플의 행복한 모습은 "겉만 화려한 것"이라 해석하며 무의미하게 만든다. 대신 이별, 배신, 불륜 같은 이야기만 강조해 "관계란 위험하고 깨지기 쉽다"는 이미지를 심는다. 결국 연인은 점차 조종자의 시각만을 받아들이며, 다른 가능성에 눈길조차 주지 않게 된다.

가족 관계에서는 자녀가 학교나 친구에게서 얻는 정보를 "현실을 모르는 소리"라고 일축한다. 진로나 진학에 대한 외부 조언은 "책임 없는 말"이라고 잘라내고, 가족만이 진짜 현실을 아는 것처럼 강조한다. TV 뉴스나 사회 담론도 "왜곡된 정보"라며 차단해 버린다. 이렇게 차단된 환경에서 자녀는 점차 비판적 사고를 멈추고, 부모가 제공하는 해석만을 안전한 진실로 믿게 된다.

종교나 이념 집단에서는 외부 언론을 "악의적 선전"이라 규정하고, 비판적 정보는 "적들의 조작"이라고 정의한다. 구성원들이 스스로 외부 정보를 불신하도록 유도하여 결국 내부 교리와 해석만을 절대적 진리로 받아들이게 한다. 구성원은 점차 다양한 시각을 잃고, 지도자의 말이 유일한 관점으로 굳어진다.

정치적 관계에서는 다른 언론을 "가짜뉴스"라고 몰아붙이고, 비판적 의견은 "적의 선동"으로 규정한다. 반대로 자신들이 제공하는 정보만이 사실이라고 강조하며, 지지자들의 시각을 한쪽으로만 좁힌다. 결과적으로 지지자들은 외부 검증을 포기하고 특정 집단의 해석만을 절대적으로 신뢰하게 된다.

사업 관계에서도 정보 통제는 강력하게 작동한다. 파트너에게는 "이건 회사 기밀"이라는 이유로 긍정적 시장 기회를 숨기고, 부정적 전망이나 경쟁사 실패 사례만 들려준다. 그러면서 "우리와 함께하는 것이 최선"이라는 관점을 반복 주입한다. 파트너는 점차 다른 선택지를 고려하지 못하고 조종자가 제시하는 길만을 안전한 현실로 여기게 된다.

정보 차단 기법의 함정과 한계

정보 통제의 가장 큰 위험은 외부 개입이나 우연한 정보 노출로 전체 구조가 무너질 수 있다는 점이다. 상대방이 실제 정보에 접근하게 되면 지금까지의 왜곡이나 차단이 한순간에 드러난다. 특히 인터넷 시대에는 정보 접근이 용이해서 완전한 통제가 어렵다. 또한 지나치게 극단적인 정보 차단은 상대방의 의심을 불러일으킬 수 있다. "왜 이렇게 다른 정보를 보지 못하게 하지?"라는 의문이 생기면 오히려 진실 추구 욕구가 강해질 수 있다. 적절한 수준의 통제와 자연스러운 차단이 중요하다. 무엇보다 정보 통제는 상대방의 성장과 발전을 저해한다. 다양한 정보와 관점에 노출되지 못하면 판단력과 적응력이 떨어진다. 장기적으로는 조종자에게도 도움이 되지 않는 결과를 가져올 수 있다.

정보 통제를 이용하는 사람의 말버릇

◆ **외부 정보를 깎아내리며 차단한다**
- → "다른 사람들은 우리 상황을 이해하지 못해"
- → "그런 말들은 다 거짓이야"
- → "밖 세상은 네가 생각하는 것만큼 좋지 않아"

◆ **자신만이 해석권을 가진 것처럼 주장한다**
- → "내가 정확한 정보를 알고 있어"
- → "나만 너를 진짜로 이해해"
- → "내 경험으로는 그게 맞아"

◆ **정보 확인 시도를 감정 문제로 전환한다**
- → "내 말을 믿지 못하겠다는 거야?"
- → "의심하면 관계가 깨져"
- → "나를 믿지 못한다면 할 말 없어"

정보 통제 전략 체크리스트

■ 상대방의 외부 정보원이나 인맥을 점진적으로 차단하기

■ 부정적 외부 사례만 선별 제공해 대안 인식 차단하기

■ 자신만이 정확한 정보와 해석을 제공한다고 주장하기

■ 정보 통제 패턴이 노출되면 조종 구조 전체가 붕괴될 위험에 유의하기

에필로그

다크 심리학은
칼이며 방패이다

인간의 마음을 다루는 기술만큼 위험한 것은 없다. 칼은 몸을 해치지만, 심리 조종은 영혼을 파괴한다. 상처는 아물지만, 정신적 지배는 평생에 걸쳐 상대방을 좀먹는다. 이 책이 지금까지 드러낸 것들은 단순한 지식이 아니라 강력한 무기다. 그리고 모든 무기가 그렇듯, 이것 역시 사용하는 자의 의도에 따라 구원도 파멸도 가져올 수 있다.

다크 심리학은 단순한 학문이 아니다. 그것은 인간을 움직이는 무기이며, 이 무기는 칼처럼 양날을 가지고 있다. 올바른 맥락에서 쓰이면 관계를 부드럽게 만들고 협력을 강화하지만, 잘못 쓰이면 파괴와 지배, 고립의 도구가 된다. 역사는 권력자들이 심리 조종을 어떻게 무기화했는지 보여준다. 대중을 공포로 묶은 독재자들, 죄책감과 희망을 교묘히 주입해 신도를 얽어맨 종교 집단, 기업의 탐욕을 포장한 광고들 모두가 다크 심리학의 산물이다. 이 기술들이 개인의 손에 들어갔을 때의 파괴력은 상상을 초월한다.

20세기 역사를 돌아보면 심리 조종이 얼마나 무서운 결과를 낳을 수 있는지 알 수 있다. 히틀러는 대중의 분노와 좌절을 이용해 독일을 전쟁으로 이끌었다. 그의 연설은 단순한 정치적 선동이 아니라 정교한 심리 조종 기법의 집약체였다. 스탈린은 공포와 의심을 체계적으로 활용해 수천만 명을 통제했다. 이들이 사용한 기법들은 이 책에서 다룬 것들과 본질적으로 다르지 않다. 규모만 달랐을 뿐이다.

현대 사회에서는 더욱 정교하고 은밀한 조종이 이뤄지고 있다. 소셜미디어 알고리즘은 사용자의 관심과 분노를 조작해 더 많은 시간을 플랫폼에 묶어둔다. 정치인들은 데이터 분석을 통해 개인별 맞춤형 메시지를 전송하며 투표 행동을 조작한다. 기업들은 뇌과학과 심리학을 동원해 소비자의 무의식을 자극한다. 우리는 자유롭게 선택한다고 믿지만, 실제로는 보이지 않는 손에 의해 조종당하고 있는지도 모른다.

가장 무서운 점은 이런 조종이 선의로 포장되어 있다는 것이다. "당신을 위해서", "우리의 미래를 위해서", "사회의 발전을 위해서"라는 명분하에 개인의 자유의지가 조용히 박탈당하고 있다. 조종당하는 사람들은 자신이 피해자라는 사실조차 깨닫지 못한다. 오히려 조종자에게 감사하며 더 많은 통제를 요구하기도 한다.

이 책이 밝힌 전략들은 당신이 일상에서 매 순간 경험하고 있는 것들이다. 연인의 한마디, 상사의 시선, 친구의 침묵, 정치인의 연설, 광고 속 문구까지 모두가 누군가의 의도와 전략으로 설계된 조종일 수 있다. 중요한 것은 이 사실을 알았을 때 당신이 어떤 선택을 내리느냐다. 이 지식을 손에 쥔 순간, 당신은 더 이상 순진한 피해자가 아니다. 이제 남은 질문은 단 하나다.

지식은 본질적으로 중립적이다. 원자력 기술이 전력을 생산할 수도, 도시를 파괴할 수도 있듯이, 심리학적 지식 역시 치유와 파괴의 양면성을 갖는다. 이 책을 읽은 당신은 이제 선택의 기로에 서 있다. 이 지식을 사용해 다른 사람을 조종하고 지배할 것인가, 아니면 자신을 보호하고 타인의 조종으로부터 벗어날 것인가.

만약 당신이 이 기술들을 무기로 사용하기로 결정한다면, 그 결과에 대해서도 책임져야 한다. 조종은 언제나 상대방의 자유를 박탈한다. 당신이 누군가를 조종할 때, 그 사람의 선택권과 존엄성을 훼손하는 것이다. 설령 좋은 목적을 위해서라고 하더라도, 수단의 정당성이 보장되는 것은 아니다. 목적이 수단을 정당화한다는 논리는 역사상 가장 끔찍한 범죄들의 변명이었다.

반대로 이 지식을 방패로 사용한다면, 당신은 진정한 자유를 얻을 수 있다. 조종 기법을 알면 그것을 당하지 않을 수 있다. 다른 사람의 의도를 파악하고, 자신의 결정이 진정으로 자발적인 것인지 판단할 수 있다. 이는 단순히 피해를 막는 것을 넘어서, 더 건전하고 진실한 관계를 만들어가는 기초가 된다.

하지만 현실은 그렇게 단순하지 않다. 완전히 조종을 사용하지 않고 살아가는 것은 불가능에 가깝다. 부모가 자녀를 교육할 때, 교사가 학생을 가르칠 때, 리더가 팀을 이끌 때 어느 정도의 심리적 영향력은 불가피하다. 중요한 것은 그 선을 어디에 그을 것인가 하는 문제다.

윤리적 기준은 상대방의 이익과 자유의지를 존중하는 것이어야 한다. 상대방이 진정으로 원하는 것이 무엇인지 파악하고, 그것을 돕기 위해 심리적 기법을 사용하는 것은 정당화될 수 있다. 하지만 상대방의 의사에 반해서, 오직 자신의 이익을 위해 조종하는 것은 명백한 악용이다. 또한 투명성의 원칙도 중요하다. 가능한 한 자신의 의도와 방법을 상대방에게 명확히 밝히는 것이 윤리적이다. 물론 모든 상황에서 완전한 투명성이 가능한 것은 아니지만, 적어도 상대방을 속이려는 의도는 없어야 한다.

"당신은 이 기술을 무기로 쓸 것인가, 방패로 쓸 것인가."

이 질문에 대한 답은 오직 당신만이 할 수 있다. 하지만 한 가지는 분명하다. 이 지식을 갖게 된 순간부터 당신은 더 큰 책임을 지게 된다. 무지는 때로 변명이 될 수 있지만, 지식은 선택의 결과에 대한 완전한 책임을 요구한다.

마지막으로 기억해야 할 것은 진정한 힘은 다른 사람을 통제하는 것이 아니라, 자신을 통제하는 것에서 나온다는 점이다. 타인을 조종하는 자는 일시적인 권력을 얻을 수 있지만, 자신을 다스리는 자는 영원한 자유를 얻는다. 이 책이 당신에게 제공한 지식이 진정한 자유와 성숙한 관계를 만들어가는 데 도움이 되기를 바란다.

다크심리학: 심리 조종의 기술
사람의 행동과 선택을 내 뜻대로 이끄는 은밀한 전략

초판 1쇄　2025년 9월 15일
초판 4쇄　2026년 1월 2일

지은이　　다크 인사이트
디자인　　김소미
펴낸곳　　다크 인사이트 스튜디오
출판등록　2021년 5월 21일 제2021-000019호
이메일　　dark.insight.studio@gmail.com

ⓒ다크 인사이트, 2025
이 책은 저작권법에 의해 보호를 받는 저작물이므로
책 내용의 전부 또는 일부를 이용하려면
반드시 저자와 다크 인사이트 스튜디오의 서면 동의를 받아야 합니다.

* 책값은 뒤표지에 있습니다.
* 이 책의 판권은 지은이와 다크 인사이트 스튜디오에 있습니다.
* 책 내용의 전부 또는 일부를 이용하려면
  반드시 지은이와 다크 인사이트 스튜디오 양측의 서면 동의를 받아야 합니다.

ISBN 979-11-93282-41-0 (04180)
ISBN 979-11-93282-44-1 (세트)